I0667651

SOCIÉTÉ D'ASSISTANCE

POUR

LES AVEUGLES

(Déclarée d'utilité publique par Décret du 4 mars 1886)

COMPTE RENDU

DE LA

Séance de l'Assemblée générale du 14 Mai 1893

PREMIÈRE PARTIE

Rapport de M. V. LABORDE, Trésorier
COMPTE MORAL ET FINANCIER DE L'EXERCICE 1892
RÉSOLUTIONS

DEUXIÈME PARTIE

Discours de M. E. SPULLER, Sénateur, Président de la Société
Discours de M. POUBELLE, Préfet de la Seine
Discours de M. THÉOPHILE ROUSSEL, Sénateur, Président
ÉTUDE SUR L'ÉCOLE BRAILLE ET SES ATELIERS
DOCUMENTS DIVERS ET PIÈCES ANNEXES

PARIS

IMPRIMERIE LAROUSSE

17, RUE MONTPARNASSE, 17

1893

SOCIÉTÉ D'ASSISTANCE

POUR

LES AVEUGLES

ÉCOLE BRAILLE

La Société d'Assistance pour les Aveugles repousse la mendicité
et protège le travail.

SOCIÉTÉ D'ASSISTANCE

POUR

LES AVEUGLES

(Déclarée d'utilité publique par Décret du 4 mars 1886)

COMPTE RENDU

DE LA

Séance de l'Assemblée générale du 14 Mai 1893

PREMIÈRE PARTIE

Rapport de M. V. LABORDE, Trésorier
COMPTE MORAL ET FINANCIER DE L'EXERCICE 1892
RÉSOLUTIONS

DEUXIEME PARTIE

Discours de M. E. SPULLER, Sénateur, Président de la Société
Discours de M. POUBELLE, Préfet de la Seine
Discours de M. THÉOPHILE ROUSSEL, Sénateur, Président
ETUDE SUR L'ÉCOLE BRAILLE ET SES ATELIERS
DOCUMENTS DIVERS ET PIÈCES ANNEXES

PARIS

IMPRIMERIE LAROUSSE

17, RUE MONTPARNASSE, 17

1893

ÉCOLE BRAILLE

Cour d'honneur de l'École.

Vue extérieure des Ateliers.

CONSEIL D'ADMINISTRATION

Président :

M. SPULLER (Eugène), sénateur, ancien Ministre de l'Instruction publique et des Affaires étrangères.

Vice-Président :

M. BÉRAL (Éloi), sénateur, inspecteur général des mines.

Secrétaire :

M. le Dr GOUJON, sénateur, maire du XIIe arrondissement de Paris.

Trésorier :

M. le Dr Vincent LABORDE, membre de l'Académie de médecine.

Membres :

MM. CAMESCASSE, sénateur ;

CHAMBAREAUD (Louis), conseiller à la Cour de Cassation ;

Comte CLAUZEL, conseiller référendaire à la Cour des Comptes;

FÉRY D'ESCLANDS (Alphonse), conseiller maître à la Cour des Comptes ;

FLOQUET (Charles), député, ancien président de la Chambre des Députés, ancien président du Conseil des Ministres ;

HAMEL (Ernest), ancien conseiller municipal de la Ville de Paris, sénateur ;

MAZEAU (Charles), sénateur, président de la Cour de Cassation ;

PÉPHAU (Alphonse), directeur de l'Hospice national des Quinze-Vingts, directeur de la Société ;

REINACH (Joseph), député ;

ROUSSEAU (Henri), trésorier-payeur général de Loir-et-Cher ;

Mmes LOIZILLON (Marie), inspectrice générale honoraire des Écoles maternelles ;

RICHTENBERGER ;

SAY (Léon).

Anciens Membres décédés :

MM. ARNOUL (Honoré), secrétaire général de la Société d'Encouragement au Bien ;

ESCOFFIER (Henri), ancien rédacteur en chef du *Petit Journal;*

HÉROLD, préfet de la Seine, sénateur ;

LEPÈRE (Charles), ancien Ministre de l'Agriculture et de l'Intérieur, député ;

Dr LIOUVILLE, député ;

GREPPO, ancien député.

Personnel de l'École et des Ateliers.

SOCIÉTÉ D'ASSISTANCE

LES AVEUGLES

Assemblée générale du 14 mai 1893

L'an mil huit cent quatre-vingt-treize, le dimanche 14 mai, à 2 heures, se sont réunis dans le grand préau de l'École Braille à Saint-Mandé (Seine) les Membres de la Société d'Assistance pour les Aveugles.

M. Eugène Spuller, sénateur, président de la Société, assisté de M. le Dr Goujon, sénateur, de M. le Dr Vincent Laborde, membre de l'Académie de médecine, trésorier, de Mlle Marie Loizillon, inspectrice générale honoraire des Écoles maternelles, et de M. Péphau, Directeur de l'Hospice national des Quinze-Vingts, Directeur de la Société, constitue le bureau.

Il présente à l'assemblée les excuses de MM. Charles Dupuy, député, Ministre de l'Intérieur, Président du Conseil des Ministres ; Develle, député, Ministre des Affaires étrangères ; Camescasse, Constans, Ernest Hamel, Magnin, Charles Mazeau, sénateurs ; de Gasté, Lebon, Legludic, Alexandre Millerand, Joseph Reinach, Léon Talou, députés ; colonel Chamoin ;

Théodore Braun, Conseiller d'État; Poulet, Conseiller à la cour de Cassation; Henri Monod, Conseiller d'État, Directeur de l'Assistance et de l'Hygiène publiques; A. Féry d'Esclands, Conseiller-maître à la cour des Comptes; Comte Clauzel, Conseiller référendaire à la cour des Comptes; Paul Révoil; Labeyrie, Directeur général de la Caisse des Dépôts et Consignations; Mmes Adam, Richtemberger, Carnot, Vve Clerc, née Kreysselle; MM. Deschamps, Président du Conseil général de la Seine; Faillet, Conseiller général; Le Roux, Directeur des affaires départementales à la Préfecture de la Seine; E. Peyron, Directeur de l'Assistance publique; Dr Pietkiewicz, etc., déclare la séance ouverte et donne la parole à M. le Trésorier, M. le Dr Vincent LABORDE qui s'exprime en ces termes :

MESDAMES, MESSIEURS,

Dans sa séance du 10 juin 1892, *le Conseil d'administration de la Société d'Assistance pour les Aveugles,* après avoir reçu, de M. le Directeur, communication d'une correspondance échangée entre M. le Ministre de l'Intérieur, M. le Président de la Cour des Comptes et lui, se voyait dans l'obligation de disjoindre la caisse particulière de la Société de celle de l'Hospice des Quinze-Vingts, à laquelle elle avait été jusqu'alors annexée.

Le Conseil dut, conséquemment, se préoccuper de la recherche d'un nouveau trésorier; et, estimant, sans doute, combien la bonne santé d'un budget importe à son équilibre, comme il avait sous la main un médecin, il crut devoir m'offrir cette délicate fonction, ce qui était me l'imposer, car, dans une œuvre de bien, à laquelle on participe, comment se soustraire à l'occasion de s'y dévouer davantage?

Je sentis même — pourquoi le cacher — se réveiller subitement, en moi, des aptitudes financières, que j'étais loin de me supposer, mais dont je me garderais bien de m'enorgueillir — attendu que rien, je vous l'assure, ne saurait mieux nous inspirer cette capacité que le désir de se rendre utile.

Voilà, Messieurs, comment et pourquoi je suis trésorier, de par l'injonction de la Cour des Comptes, par la grâce du Conseil, et sous l'empire personnel des meilleures intentions.

J'en suis, d'ailleurs — j'ai hâte de le dire — bien réco..pensé par la satisfaction, que vous allez certainement partager, de manier et de contrôler des chiffres qui marquent tous un bienfait ou une intention bienfaisante.

Combien, en vérité, on est heureux de reposer, quelques instants, son esprit et son cœur sur un budget humanitaire, qui n'engage que la reconnaissance, et nullement les récriminations et les révoltes des impôts obligatoires... ni les responsabilités ministérielles... avec les difficultés et les... intermittences provisoires.

Bien plus, ici les chiffres ont, en réalité, toute l'éloquence qu'on est convenu de leur attribuer, l'éloquence persuasive du bienfait accompli; en sorte que, de ce côté, votre trésorier va bénéficier d'un autre et inappréciable avantage, que tant d'orateurs seraient heureux de rencontrer, pour eux, et pour leurs auditeurs : celui d'*être éloquent malgré moi*.

Mais c'est trop vous faire attendre — et je vous en demande pardon — cette éloquence, la seule que je

puisse vous offrir, et dont il me fallait au moins justi-
fier l'investiture.

Le tableau suivant donne le relevé du compte de l'exercice 1892 clos le 31 mars 1893. — Vous trouverez à la
suite le montant de nos capitaux avec l'indication d'origine de ceux qui ont une affectation spéciale pour l'emploi des revenus.

I. RECETTES

Nos d'ordre.	NATURE DES RECETTES	RECETTES EFFECTUÉES EN		TOTAL
		1892	1893	
1	Rentes sur l'État 3 0,0 . . .	3.800 x	»	3.800 »
2	Dons, cotisations, rachats. .	2.583 »	90 »	2.673 »
3	Don avec affectation spéciale.	2.500 »	»	2.500 »
4	Legs Tremblay et Peyrol . .	3.757 »	»	3.757 »
5	Subvention du pari mutuel pour création d'ateliers à Braille et d'un pavillon aux Quinze-Vingts. . . .	87.600 »	25.000 »	112.600 »
	Totaux des recettes. .	100.240 »	25.090 »	125.330 »

II. DÉPENSES

Nos d'ordre.	NATURE DES DÉPENSES	DÉPENSES EFFECTUÉES EN		TOTAL
		1892	1893	
1	Frais d'administration . . .	485 55	46 75	532 30
2	Secours.	885 »	60 »	945 »
3	Bourses d'apprentissage. . .	1.937 50	62 50	2.000 »
4	Subventions diverses. . . .	218 50	»	218 50
5	Prix et récompenses	»	490 90	490 90
6	Emploi du legs Tremblay et Peyrol..	1.925 »	1.309 10	3.234 10
7	Construction des ateliers . .	67.600 »	»	67.600 »
8	Dépenses diverses	671 »	»	671 »
	Totaux des dépenses. .	73.722 55	1.969 25	75.691 80

2

RÉSULTAT DE L'EXERCICE 1892

Recettes. . . . . 125.330 »
Dépenses 75.691 80

Excédent de Recettes. 49.638 20
Report de l'excédent de Recettes de 1891. . 5.259 78

Excédent de Recettes total. 54.897 98

CAPITAUX

La Société possède
à ce jour. . . . . . 3.800 fr. de rente ayant coûté 106.263 65
Le legs Tremblay,
représenté par. . . 3.207 fr. — — 88.708 45
Le legs Peyrol . . . 550 fr. — — 13.571 66

Ensemble. . 7.557 fr. — — 208.543 76

Entrons, si vous le voulez bien, Mesdames et Messieurs, et aussi sommairement que possible — car je ne veux pas abuser d'une éloquence qui, encore un coup, n'est pas la mienne — entrons dans quelques détails qui ne sont pas seulement nécessaires, au point de vue justificatif, mais qui sont aussi, j'en suis convaincu, de nature à vous intéresser.

La source qui alimente notre caisse se compose de divers éléments :

1° de nos rentes; 2° des dons et cotisations; 3° des dons avec affectation spéciale: 4° des legs; 5° de la subvention considérable qui nous a été accordée cette année par la Commission du pari mutuel.

Les rentes sur l'État donnent pour l'exercice actuel 3,800 francs en augmentation de 375 francs sur l'exercice 1891 par l'achat, sur nos ressources libres, d'un titre de rente de pareille somme.

Les cotisations ont fourni le chiffre de 1,642 francs; en 1891, elles n'avaient atteint que celui de 1,528.

Nous bénéficions, en conséquence, d'une augmentation de 144 francs; une augmentation de cette nature est toujours chose satisfaisante; — mais elle ne l'est jamais trop et vous ne sauriez empêcher votre Trésorier de se montrer, sous ce rapport, insatiable.

Cotisez-vous, Mesdames et Messieurs, pour le bien de nos aveugles. Jamais vous n'aurez vu aussi clair pour la Bienfaisance.

Un don avec affectation spéciale a produit 2,500 francs.

Il m'est particulièrement agréable de le mentionner. Nous le devons à Mmes Rosine Laborde et Emma Calvé.

Je ne le relève pas à cause de son importance.

Quel que soit le chiffre du don, il y a toujours égalité de mérite devant l'intention charitable et bienfaisante, et tous les noms inscrits sur nos listes sont, au même titre, loués et bénis. Mais vous voudrez bien permettre à votre Trésorier de se féliciter, en passant, d'une homonymie, dont il a le droit d'être doublement fier et heureux, en la circonstance, pour lui et sa caisse.

Pas plus que moi, d'ailleurs, vous ne serez étonnés, Messieurs, de voir de grandes artistes se montrer grandes bienfaitrices. C'est un de leurs dons privilégiés; et quand ils ne donnent pas, les artistes, de leur bourse, car leur bourse est, d'ordinaire, à tout le monde, ils donnent largement de leur talent; vous allez, encore une fois, vous en convaincre tout à l'heure, car leur talent fait s'ouvrir les bourses, et je suis assuré, dans ma préoccupation incessante et bien légitime de voir grossir ma caisse, que ce résultat magique ne nous fera pas aujourd'hui défaut.

J'ai hâte d'arriver au produit des subventions.

Ici, Messieurs, nous sommes en présence de l'événement financier le plus gros et le plus heureux qui se soit accompli pour notre société, depuis sa fondation, et qui est précisément — grâce à des résultats prévus et déjà réalisés — l'occasion de cette fête d'inauguration : il s'agit de la subvention du pari mutuel.

Par une de ces transformations miraculeuses qu'il appartenait à notre siècle — le siècle des grandes découvertes et des grandes applications — de voir se réaliser, le Jeu, cet entraînement passionnel des plus dangereux pour la morale privée et sociale, se trouve être une source, un instrument puissant de bienfaisance et de moralisation; si bien que le jeu des courses — sous la forme du pari mutuel — devient, grâce au prélèvement qui lui est imposé par la loi dans l'intérêt des Établissements de bienfaisance, ce que l'on peut appeler : « La morale en action. »

Et, pour rester dans l'application spéciale, dont notre société est un exemple vivant et dont elle a bénéficié d'une façon éclatante, l'institution des courses et des jeux qu'elles entraînent avec la passion qui s'y attache, destinée primitivement et essentiellement à l'amélioration de la race chevaline, se trouve appelée, en même temps, à contribuer à l'amélioration de la condition humaine et sociale.

Ce n'est pas autre chose que la transmutation des forces, telle que la science la proclame aujourd'hui dans les faits d'ordre biologique, et qui se réalise sur le terrain... Oui, Messieurs, vous l'avez dit, sur le terrain des courses, mais avec une heureuse application aux faits sociaux.

C'est, d'une part, à la requête motivée de notre éminent et cher président, M. le sénateur E. Spuller, en son nom et en celui du conseil d'administration, et de M. le conseiller général Gaufrès, président du conseil de surveillance et de perfectionnement de l'École Braille;

Et, d'autre part, à l'intervention toujours dévouée — et je puis le dire de suite — passionnée et irrésistible du directeur, M. A. Péphau, que la Société d'Assistance a dû d'être inscrite sur la liste des œuvres de bienfaisance, appelées à participer aux fonds provenant du pari mutuel.

La demande était appuyée et justifiée par deux créations utilitaires de premier ordre et solidaires :

1° Création et annexion à l'École Braille d'ateliers suffisamment spacieux, et de logements affectés aux ouvriers asilés dans le but de contribuer au large développement de l'assistance des aveugles;

2° Création et annexion à la Clinique nationale ophtalmologique des Quinze-Vingts d'un pavillon et d'un service d'isolement, pour le traitement des maladies oculaires, contagieuses et infectieuses.

Ces deux créations sont appelées à combler deux importantes lacunes de notre système d'assistance générale.

La première, en effet, par la construction d'Ateliers professionnels, par l'achat de maisons voisines destinées à loger les ouvriers majeurs de l'Établissement Braille, tout en rendant libres, dans l'École même, un certain nombre de places pour de nouveaux pupilles, réalisera, en même temps, la possibilité et les moyens pour les ouvriers d'exercer toute leur vie, et avec fruit, le métier qu'on leur apprend, sous l'égide et la surveillance paternelle d'une Administration prévoyante.

Cette création constitue, en outre, la base et le point de départ d'un projet plus vaste conçu depuis longtemps par la Société d'assistance, consistant à établir, en France, par une extension féconde et des plus désirables, une *École régionale de jeunes aveugles*, projet soumis en ce moment même au Conseil supérieur de l'Assistance publique, par son éminent Directeur, M. Henri Monod, que nous avons le regret de ne pas posséder aujourd'hui, et soutenu par M. le député Lebon.

La seconde création, celle d'un Pavillon d'isolement pour les *contagieux*, est non seulement le complément indispensable de la première, mais, de plus, elle constitue, par le traitement *préventif* de la cécité, une impérieuse et inéluctable nécessité.

Voulez-vous savoir, Mesdames et Messieurs, combien une des maladies oculaires contagieuses les plus fréquentes et les plus désastreuses dans ces résultats — l'*ophtalmie purulente*, fait et compte de victimes dans la population aveugle ?

Le tiers, au moins, de cette population.

Ce fait ressort exactement d'une statistique dressée, à cet effet, par les soins des directeurs de l'Institution nationale des jeunes aveugles et de l'École Braille, statistique qui donne, pour le premier établissement, 79 cas de cécité par suite d'ophtalmie purulente sur une population de 230, et, pour la seconde, de 57 sur 150 ; soit la proportion de *34* à *38 0/0* de la population scolaire.

Or, la Clinique nationale ophtalmologique des Quinze-Vingts, cette sœur aînée de l'École Braille, dont je n'ai pas à rappeler ici les services immenses et toujours croissants, est aujourd'hui dans la cruelle nécessité de repousser les *contagieux*, notamment les ophtalmies purulentes, qui ne peuvent, dès lors, par une hospitalisation appropriée, recevoir les soins destinés à en arrêter les ravages, cause essentielle, quasi-fatale de la cécité.

C'est à combler cette trop regrettable lacune que la création du Pavillon d'isolement est destinée ; et ainsi nous entrons, enfin, dans cette réalisation complète du traitement préventif de la cécité, tant désirée, appelée et justifiée de sa voix compétente et bienfaisante, par notre cher et si regretté Fieuzal, cet inoubliable collaborateur de la première heure, dont le nom, inséparable des institutions qui nous occupent à l'heure présente, vient ici naturellement à sa place, et dont la mémoire reçoit, de leur développement et de leur progrès, un juste et consolant hommage.

L'extension régionale, la décentralisation dont je parlais à l'instant pour les Écoles et Ateliers professionnels d'aveugles, constitueraient également une application féconde — à tous égards désirable — en ce qui concerne la clinique ophtalmologique : nous les demandons aussi depuis longtemps, et notre vigilant directeur a saisi d'un projet de cette nature le gouverneur de l'Algérie et le préfet d'Alger, pour le réaliser dans notre colonie algérienne.

Cette double création, solidaire, d'Ateliers professionnels et du Pavillon d'isolement, nécessitait, d'après les prévisions conformes, une somme de **400,000** francs qui nous a été accordée le *7 juillet 1892.*

1° Construction d'ateliers et acquisition de maisons....	200.000 fr.	
2° Construction du pavillon d'isolement	175.000	200.000 fr.
Achat du mobilier................................	25.000	
	Total égal.......	400.000 fr.

Notre devoir — un doux devoir — est de remercier bien haut MM. les ministres d'alors, M. le président du Conseil, ministre de l'Intérieur, M. Loubet, M. Develle, ministre de l'Agriculture, et MM. les membres de la Commission de répartition, qui n'ont pas hésité à accueillir, comme elle le méritait, une demande basée sur des motifs d'un si haut intérêt à la fois humanitaire et social, et qui se sont — de ce fait — honorés eux-mêmes !

Sitôt en possession de cette subvention, notre Directeur — notre incomparable Directeur — s'est mis à l'œuvre !

Ah ! Messieurs, avec lui les réalisations décidées, les constructions ne traînent pas ! Architectes, maçons, ouvriers de toute sorte, le trouvent sur le chantier à la première et à la dernière heure, et, touchés de sa baguette magique, irrésistible, ils accomplissent forcément des prodiges de rapidité et d'exactitude...

Aux temps fabuleux, Amphion faisait se mouvoir les pierres aux sons enchanteurs de sa lyre (et quel enchantement pour arriver à toucher des pierres !...)

Notre Directeur fait mieux — parce que c'est vrai ! — il remue et transporte à volonté les matériaux d'édification avec sa... passion du bien pour l'aveugle !...

L'aveugle, c'est sa chose, sa matière, dans lesquelles se sont personnifiés son cœur et sa volonté, spécialisé son besoin de dévouement !

« Donnez-moi un point d'appui, disait Archimède, et je soulèverai le monde ! » — Donnez à Péphau un pauvre enfant aveugle, il soulèvera tout... les Ministres, les Commissaires répartiteurs, les membres de la Commission du budget...

Et il construira de magifiques bâtiments appropriés au but qu'il ne perd jamais de vue, comme ceux que vous inaugurez aujourd'hui, sans un moment perdu, de façon qu'à l'heure voulue, le plus tôt possible, ils soient prêts à être utilisés, dans l'intérêt de ceux auxquels ils sont destinés — et prêts aussi à être remis en vos mains tutélaires, Monsieur le Préfet, digne dépositaire des pouvoirs de la Ville et du Département.

Votre Trésorier n'a dépensé à la clôture de l'exercice sur le montant de la subvention de 400,000 francs que la somme de 67,600 francs.

Le reliquat, soit 332,400 francs, ne sera employé que sur la production du certificat des architectes, établissant que les travaux sont exécutés et les mémoires des entrepreneurs vérifiés et réglés.

De cette façon notre excédent de recettes total ne ressort qu'au chiffre de 54,897 fr. 98 au lieu de celui de 387,297 fr. 98.

Sur le chapitre des dépenses je n'ai à retenir votre attention que sur les trois articles : Secours, Bourses d'apprentissage, Construction d'ateliers.

Les Secours s'appliquent à 39 personnes; les Bourses d'apprentissage réparties entre douze boursiers ou boursières laisseront sur le crédit de 3,000 francs, que vous avez voté en 1892, un reliquat de 1,000 francs.

Nous osons espérer que, pour les années qui vont suivre, le crédit entier sera toujours épuisé. En effet, le nombre des candidats aux Bourses va grandissant non seulement pour notre Société, mais encore pour celles qui poursuivent le même but que nous ; les Sociétés de bienfaisance et les aveugles eux-mêmes ont compris que la véritable assistance était celle de l'assistance par le travail, le mode le plus noble, le plus digne pour chacun.

Enfin, votre Caisse, qui doit consacrer pour la construction d'un pavillon destiné au traitement de l'ophthalmie purulente, celle des ateliers de Braille et l'achat d'une maison destinée à loger ses ouvriers majeurs une somme de 400,000 francs, n'a employé pendant l'exercice que 67,600 francs: 40,000 francs ont été remis en acomptes aux entrepreneurs, et 27,600 francs à un propriétaire de la villa Hirtz pour l'achat du pavillon portant le n° 17 ; le reliquat, soit 332,400 francs, sera versé aux entrepre-

neurs au fur et à mesure du règlement de leurs mémoires,
comme je l'ai expliqué au titre des recettes.

Mesdames et Messieurs,

Je prononçais, tout à l'heure, à propos des mesures
préventives contre la cécité, le nom du Dr Fieuzal.

En présence des résultats, dont je viens de faire passer
sous vos yeux la justification matérielle, et qui consacrent
les progrès incessants, l'évolution grandissante de notre
œuvre, je ne puis m'empêcher — et il me sera bien permis, en terminant, quelque modeste que soit ici ma tâche,
d'évoquer un autre nom, aussi étroitement attaché à
cette œuvre et à ses initiateurs :

Le grand nom de Gambetta ! Il la fit éclore, cette œuvre,
sous son souffle puissant ; et son ombre tutélaire plane et
veille sur elle en la personne de ses continuateurs, d'autant plus autorisés, qu'ils furent les *confidents intimes* de
ses sublimes pensées humanitaires et patriotiques,

Et qui savent combien c'est honorer la mémoire de
celui qui aima surtout, et par-dessus tout, la Patrie que de
lui donner, au lieu de mendiants et de vagabonds,
doublés d'infirmes, des Ouvriers et des Citoyens !

(*Applaudissements prolongés.*)

Après la lecture de ce consciencieux et intéressant
rapport, l'Assemblée, sur la proposition de son Président, prend les résolutions suivantes :

1° Elle approuve les Comptes présentés par le Trésorier et en consacre les résultats : Recettes
125,330 francs. Dépenses 75,691 fr. 80. Excédent de
recettes à la clôture de l'Exercice, 54,897 fr. 98.

2° Elle réélit les membres du Conseil d'administration dont les pouvoirs sont expirés : Mlle Marie Loizillon; Mme Léon Say; MM. Camescasse, Dr Vincent Laborde, Joseph Reinach, Henri Rousseau, pour la période triennale 1893, 1894, 1895.

3° Elle nomme membre du Conseil d'administration pour la période 1893, 1894 M. Louis Chambareaud, Conseiller à la cour de Cassation en remplacement de M. Honoré Arnoul, décédé le 11 janvier 1893.

4° Enfin, elle vote, comme les années précédentes, un crédit de 3,000 francs destiné à servir des Bourses d'apprentissage de 250 francs à douze aveugles pauvres, qui auront justifié de leurs aptitudes et de leur assiduité chez le patron qu'ils auront choisi.

Ces votes acquis, M. le Président Spuller invite M. Théophile Roussel, Sénateur, M. Poubelle, Préfet de la Seine, MM. les Conseillers généraux Marsoulan et Vorbe, M. Carriot, Directeur de l'Enseignement primaire, M. May, Chef des services administratifs de l'Enseignement, M. Chaumeil, Inspecteur primaire, Mmes Mathé et Toussaint, M. le sénateur Lefèvre, M. Rischmann, maire de Saint-Mandé, Directeur de la dette inscrite, M. le Dr Célières, M. Chabanel, Chef du 1er bureau à la Direction de l'Assistance et de l'Hygiène publiques, M. Imbert, secrétaire de la direction des Quinze-Vingts, M. le Dr A.-J. Martin, Inspecteur général de l'Assainissement et de la Salubrité, à venir se joindre aux membres composant le Bureau.

Il cède son fauteuil à M. Théophile Roussel pour
pouvoir faire remise officielle au département de la
Seine des ateliers que la Société vient de construire,
du bas-relief sculpté par M. Daniel Dupuis et de la
maison portant le n° 17 dans la villa Hirtz.

M. E. Spuller s'exprime ainsi :

> Monsieur le Président,
> Monsieur le Préfet,
> Mesdames,
> Messieurs,

Au nom de la Société d'Assistance pour les Aveugles et
en qualité de président du Conseil de cette Société, j'ai
l'honneur de faire remise à M. le Préfet de la Seine, représentant le Département, des bâtiments que nous avons été
assez heureux pour annexer à l'École Braille.

Cette école, que notre Société a eu longtemps sous sa
direction, est passée, grâce aux généreuses libéralités du
Conseil général de la Seine, aux mains du département.
Bien avant de nous séparer de l'École Braille, nous avons
annoncé notre intention de ne jamais perdre de vue cette
Institution d'enseignement si utile, mais, au contraire, de
la suivre dans ses progrès et de les favoriser par tous les
moyens à notre portée et à notre disposition. Jamais nous
n'avons entendu abandonner le jeune personnel si digne
d'intérêt dont l'École Braille a commencé l'instruction,
nous avons pensé, au contraire, qu'il était de notre
devoir de multiplier nos efforts pour développer l'éducation professionnelle de cette partie si intéressante de
notre population scolaire.

Fidèles à l'esprit même de l'École Braille, nous avons cru répondre aux intentions de tous ceux qui se sont associés à notre œuvre, dès le commencement, en ajoutant à l'École même tout un ensemble d'ateliers destinés à faire l'éducation de la main des jeunes aveugles.

Nous nous sommes engagés dans cette voie avec de très faibles ressources. Toutefois, dès l'année dernière, nous étions assurés de réussir dans l' ·· ' e que nous avions entreprise.

Nous comptions déjà dans nos ateliers informes et insuffisants plus de cinquante ouvriers ; c'était de jeunes ouvriers n'ayant pas atteint, pour la plupart, l'âge adulte mais qui déjà travaillent avec habileté et même avec talent ainsi que vous pouvez vous en rendre compte en jetant les yeux sur la petite exposition qui couvre les murs de ce préau. Ils ont appliqué leurs facultés à des objets de plus en plus difficiles, où vous pourrez trouver la preuve non seulement de leurs aptitudes et de leurs qualités acquises, mais de leur esprit d'invention et de leur goût.

Agés de 13 à 19 ans, ces 50 ouvriers, l'année dernière, en fabriquant des paniers, des corbeilles, des chaises, cannées et paillées, des brosses, des balais, ont réalisé une recette de plus de 35,000 francs. Cette année, la recette dépassera la somme de 50,000 francs.

(Applaudissements.)

Ces progrès, Messieurs, coïncident avec l'heureux état financier de notre Société d'assistance dont M. le Dr Laborde vous a tracé tout à l'heure un tableau si intéressant. C'est notre ferme conviction que dans nos nouveaux ateliers plus spacieux, mieux aérés, mieux éclairés, nous pourrons recevoir un plus grand nombre d'ouvriers des

deux sexes, qui s'y trouvant mieux installés pourront y
perfectionner leur industrie.

Les bâtiments que nous remettons aujourd'hui au
département de la Seine sont là, sous vos yeux. Avant de
pénétrer dans cette enceinte, vous avez pu vous rendre
compte, au moins d'une manière sommaire, de ce qu'ils
comportent à la fois de commodités et d'agréments.

Tout a été aménagé pour que ces ateliers — qui occupent cinq étages — fussent véritablement des ateliers
modèles. A cet égard, notre Société doit tous ses remer-
ciements à son distingué architecte, M. Calemard, qui nous
a donné son concours avec un zèle et un dévouement que
nous ne saurions trop hautement reconnaître et pro-
clamer. C'est pour nous, Messieurs, une occasion de lui
adresser nos félicitations. (*Applaudissements.*)

Sans rien sacrifier à un luxe décoratif trop somptueux,
nous avons voulu faire un bâtiment qui ait quelque
aspect. Notre pensée a été comprise par M. Calemard, qui
a doté notre construction principale d'un élégant campanile. Mais qui dit campanile, dit cloche, et cette cloche,
qui était devenue nécessaire, nous a été offerte très gra-
cieusement par M. Georget. Les jeunes enfants qui sont
ici ont exprimé, à leur tour, le désir ingénieux et tou-
chant que cette cloche portât le nom de la jeune fiancée
de M. Georget : c'est ainsi qu'elle s'appelle Henriette, du
nom charmant de cette jeune fille, à qui nous souhai-
tons toutes les joies de l'union la plus heureuse. (*Vifs
applaudissements.*)

Enfin, pour compléter ce que j'ai à dire sur nos constructions de cette année, je dois vous annoncer que nous
avons eu la bonne fortune de recevoir d'un sculpteur de
talent, M. Daniel Dupuis, un bas-relief que nous avons

fait placer dans la cour d'honneur. Tout à l'heure, à
l'inauguration solennelle de cette œuvre d'art, nous
adresserons nos félicitations et nos plus vifs remercie-
ments à son auteur. (*Applaudissements.*)

Messieurs, tout cela vous montre que nous désirons
sincèrement, et de toutes nos forces, prouver au Conseil
général de la Seine, à l'État, aux familles, aux jeunes
aveugles que nous avons pris sous notre protection, tout
le dévouement à l'œuvre entreprise par la Société d'assistance pour les aveugles.

Nous ne sommes pas arrivés, comme vous le pensez
bien, à tous ces résultats sans rien dépenser. M. le Dr Laborde vous a exposé tout à l'heure, en termes vraiment
aimables, que la Commission de répartition des fonds
provenant du pari mutuel nous était venue en aide en
nous accordant, sur les sommes dont elle dispose, une
subvention relativement considérable. Nous nous félicitons grandement de cette libéralité, mais, après avoir
montré l'utile et sage emploi que nous en avons su faire,
nous ne devons pas cacher que nous aurons encore
besoin de recourir à cette caisse bienfaisante.

M. Alphonse Péphau, notre incomparable directeur,
comme l'appelait tout à l'heure M. le Dr Laborde — je
souscris volontiers à cet éloge, car je ne crois pas qu'il
y ait une Société du genre de la nôtre qui puisse montrer
à sa tête un homme plus fécond en ressources, plus actif
et plus dévoué (*vifs applaudissements*) — ne borne pas
son ambition à remettre ces bâtiments au département
de la Seine. Il a d'autres visées et d'autres projets.

Vous savez, pour me l'avoir entendu dire dans bien des
occasions antérieures, que nous visons à transformer com-

Vue intérieure des Ateliers réunis.

plètement la situation de l'aveugle dans la société con-
temporaine.

Longtemps, Messieurs, cette infirmité si affreuse, cette
cruelle disgrâce de la nature n'a provoqué chez ceux qui
s'intéressent à l'aveugle que des sentiments de commisé-
ration et de pitié ; aussi, l'une des premières formes sous
lesquelles la charité publique et privée s'est manifestée a
été l'assistance par l'hospitalisation ; les premiers asiles
d'aveugles n'étaient que des hospices. Des bienfaiteurs à
jamais bénis et dont le nom restera inscrit aux plus belles
pages des annales de l'humanité, Valentin Haüy et
l'aveugle Braille, ont voulu quelque chose de plus pour
l'aveugle qu'une simple assistance matérielle. Haüy s'est
donné pour tâche d'appeler l'aveugle à la vie commune,
en établissant entre l'aveugle et les autres hommes la
communication qui lui manquait, en lui apprenant à lire.
Et Braille est venu qui lui a appris à écrire : c'est ainsi
que l'hospice est devenu une école, progrès considérable
qui doit en amener d'autres.

Dès aujourd'hui, l'École Braille est une institution
modèle que les autres départements prennent pour
exemple. Mais le grand avantage, le progrès sérieux que
cette École a produit, c'est de faire comprendre qu'il ne
s'agit pas seulement de plaindre et de secourir l'aveugle,
mais qu'il y a quelque chose de plus à faire pour lui.

Une étude très approfondie, que je reçois à l'instant
d'un de nos dévoués Sociétaires, fournit les détails les
plus précis sur l'École et ses Ateliers (1)

(1) Voir page 53.

Nous, Messieurs, après l'Hospice, après l'École, nous avons voulu l'Atelier.

L'Atelier est sorti de l'École comme l'École était sortie de l'Hospice. C'est la même idée qui se développe.

Cet atelier, le voici. Il va être ouvert demain, mais notre ambition, je vous le répète, n'est pas encore satisfaite.

Si nous voulons faire passer l'aveugle par l'atelier, c'est pour qu'il apporte à sa famille les moyens de vivre de son travail.

Nous voulons mieux encore si c'est possible; c'est que cet atelier, où il se retrempe et s'élève dans la dignité du travail, devienne le noyau d'une colonie d'aveugles, vivant ensemble, se secourant mutuellement, transmettant de génération en génération à des disgraciés comme eux les secrets de leur état, rendant ainsi le plus bel hommage à la bienfaisance dont ils auront éprouvé les heureux effets. (*Applaudissements.*)

Nous ne sommes donc qu'au commencement de notre œuvre, c'est pourquoi nous devons faire incessamment appel à votre charité. Tout à l'heure, on vous offrira la cantate *Délivrance*, composée spécialement pour nos jeunes aveugles. Une quête sera faite sous cette forme. Donnez, donnez, aujourd'hui comme toujours, donnez comme vous nous avez habitués à recevoir. Nous pouvons vous le dire avec fierté : voyez l'heureux emploi que nous faisons de vos dons.

Nous continuerons à bien travailler, sachant à n'en pas douter que nous sommes soutenus par vos sympathies. Et, en effet, cette assemblée si brillante n'est pas venue ici attirée seulement par le désir bien légitime de passer une après-midi en aimable société à écouter des artistes aussi distingués que charitables, bons par le cœur et

bons par le talent. Cette assemblée est surtout composée de personnes qui se rendent compte de l'œuvre de
la Société d'Assistance des Aveugles. Aussi, Mesdames et

Maison des ouvriers majeurs.

Messieurs, je le dis bien haut, votre présence est pour
nous un puissant encouragement, et nous vous en remercions de tout cœur non seulement pour les membres de
la Société, au nom desquels j'ai l'honneur de parler,
mais pour les maîtres ordinaires de cette jeunesse si digne
de toutes les sympathies, pour tous ceux qui ont tra-
vaillé à cette école et qui s'intéressent à son développement. Donnez donc et donnez d'une main généreuse.

Mesdames, Messieurs, qu'aurai-je de plus à vous dire sur le but que nous poursuivons? Nous sommes, aujourd'hui en un jour de fête, ce qui nous donne le droit de détourner nos regards des inquiétudes de l'avenir et même des tristesses du présent. Jouissons un peu de notre œuvre, ne fût-ce qu'un jour. Ce que nous vous offrons est beau et bon. Cette maison, construite par nous avec votre concours, est une maison utile et noble à la fois. Nous goûtons à la voir finie une grande satisfaction de cœur, et je ne doute pas que vous la partagiez. Ce sont, dans la vie, de doux et agréables moments et qui consolent de bien d'autres, plus amers, plus désolés et plus vides. Ce qui se passe ici est si bon et si beau que nous en pouvons oublier pour quelques instants au moins le mal qui ailleurs est à déplorer, à regretter. Nous y penserons demain, car il ne faut jamais laisser s'affaiblir en nous les sentiments de solidarité et de fraternité qui sont la véritable base de la sociabilité, c'est-à-dire de toute politique vraiment humaine. La sociabilité c'est la vraie politique, celle qui se fait avec le cœur. Ici on s'excite le cœur à bien faire et l'esprit à bien penser : il ne saurait y avoir pour personne de journée mieux employée. (*Applaudissements prolongés.*)

M. Poubelle, Préfet de la Seine, remercie en ces termes :

« Mesdames,

« Messieurs,

« Je viens ici — et c'est presque une habitude — pour apporter un remerciement.

« En 1889, au mois d'avril, vous faisiez don au département de la Seine de l'École Braille : aujourd'hui, vous lui remettez les ateliers qui la complètent. Je vous ai remerciés en 1889, je dois renouveler à cette heure l'expression de ma gratitude.

« Je serais un peu honteux de ce rôle d'homme qui reçoit perpétuellement quelque chose de l'initiative privée ou de la générosité publique, si le don que vous nous faites n'était pas accompagné de quelques charges et de quelques devoirs.

« Vous mettez l'enfant au monde, puis, quand il est fort et dru, vous nous le placez sur les bras. Nous en sommes on ne peut plus touchés, nous le trouvons beau, nous espérons qu'il grandira. Nous remercions la Société de l'œuvre qu'elle a entreprise et nous la remercions de nous croire dignes de devenir ses continuateurs. (*Applaudissements.*)

« Nous sommes d'autant plus tranquilles en recevant ces grands et superbes bâtiments que vous nous offrez en même temps, et c'est en quelque sorte un nouveau don de votre part, le concours de l'homme si plein de cœur, de dévouement et de persévérance, cette grande vertu des fondateurs d'œuvres, que j'ai à côté de moi; vous ignorez tous son nom... Eh bien, je ne vous le dirai pas, c'est M. Péphau. (*Rires. — Applaudissements.*)

« J'aurais bien voulu lui apporter autre chose que des félicitations auxquelles il doit être habitué; mais malheureusement les hauts personnages que nous espérions voir au milieu de nous n'ont pu, par des circonstances absolument indépendantes de leur volonté, et au sujet desquelles ils ont exprimé de vifs regrets, assister à cette charmante réunion, et c'est une vieille tradition que le Gouvernement ne doit pas abandonner le doux privilège de distribuer lui-même les faveurs qu'il accorde.

« Le Préfet de la Seine ne serait en cette circonstance qu'un intermédiaire, le ministre aurait voulu exercer lui-même son agréable prérogative. Aussi perdons-nous doublement à cette absence; car je ne doute pas que, si un membre du Gouvernement avait entendu les acclamations qui ont accueilli votre nom, mon cher Directeur, s'il s'était souvenu de tout ce je lui ai dit et de tout ce qui lui a été répété par d'autres personnes honorables et qui ont du crédit sur son esprit, je ne doute pas qu'il n'eût tenu à vous remettre cette récompense que j'ai le regret de ne pas vous apporter. (*Applaudissements.*)

« Je dois avouer encore que j'ai été un solliciteur sans succès pour M. Baldon, directeur de cette école, dont vous m'aviez signalé les mérites. J'aurais voulu lui offrir aujourd'hui le ruban violet; mais, comme je l'ai dit ailleurs, on a décidé que, si les palmes croissent toute l'année, elles ne sont moissonnées qu'au mois de juillet (*rires et applaudissements*), de telle façon que je suis obligé de vous ajourner à la moisson. J'espère qu'elle ne vous fera pas défaut. Nous nous chargerons bien volontiers d'arroser si possible — la métaphore est de circonstance par le climat spécial dont nous jouissons (*nouveaux rires*) — le terrain que vous avez ensemencé avec tant de zèle et de constance. (*Applaudissements.*)

« Vos œuvres, Messieurs, ont eu le mérite des œuvres spontanées et qui sont nées du cœur: elles ont appelé autour d'elles de nouvelles sympathies et de nouveaux dévouements. Car le bien a ceci d'encourageant : c'est tout à la fois que son exemple est contagieux et que ceux qui l'accomplissent trouvent leur récompense dans leur œuvre elle-même.

« Lorsque je faisais allusion aux distinctions honorifi-
ques, je n'ai pas pensé que cette préoccupation fût entrée
dans l'esprit de ceux que nous félicitons aujourd'hui. C'est
par un mouvement du cœur, c'est par sympathie pour les
déshérités de la nature, c'est en voyant souffrir qu'ils ont
voulu diminuer le nombre des malheureux, qu'ils ont pris
un enfant aveugle pour en faire un voyant par la pensée
et par la main, qu'ils ont eu à tâche de le tirer de la dépen-
dance pénible où sa maladie l'astreignait pour en faire un
travailleur et un utile. (*Applaudissements.*)

« Voilà le sentiment qui les a inspirés et auquel ont
répondu les quatre mille souscripteurs qui se sont associés
à votre entreprise, les généreux donateurs dont les legs
ont été si précieux, tous ceux enfin qui, comme MM. Gaufrès, Marsoulan et tant d'autres que j'aperçois à mes côtés,
ont apporté leur concours le plus chaleureux dans les
conseils du Département, de la Commune ou de la Société
d'Assistance pour les Aveugles.

Il en est même, comme M. Duquesne, qui se préoccu-
pent de recueillir des dons afin de pouvoir associer les
adultes au bienfait de votre œuvre.

« Elle a été fondée sous le patronage du grand nom de
Gambetta, dont nous possédons, ici, en M. Spuller, un
des amis les plus chers et qui ont le mieux gardé ses
traditions.

« Or, Gambetta disait : « Il n'y a pas de question sociale,
« il n'y a que des questions sociales. » Ce qui veut dire
qu'on ne doit pas avoir la prétention de résoudre toutes
les difficultés à l'aide d'une formule, panacée universelle
ou baguette magique, mais qu'il faut, chaque fois qu'on
se trouve en présence d'un mal déterminé, chercher le
remède qui lui est approprié. Pratiquement, il n'y a pas

plus de réforme générale qu'il n'y a de médicament général. Il y a des améliorations particulières applicables à chaque besoin, à chaque circonstance, à chaque époque.

« Il est plus commode de déclamer bien haut qu'il est urgent de résoudre la question sociale que de travailler pendant de longues années afin d'arriver à soulager des infortunés tels que ceux-ci, afin que les 40,000 aveugles qui sont en France reçoivent l'instruction qui est pour eux la lumière.

« Laissez crier les marchands d'orviétan, ceux qui déclarent avoir trouvé la pierre philosophale, qui transmutent les métaux, qui créent la richesse universelle, qui augmentent le bien-être en diminuant le travail.

« Laissez dire et unissez-vous pour remédier directement et par vous-mêmes aux misères qui vous entourent et dont vous êtes les témoins. Appliquez-vous à assurer autour de vous l'instruction à l'enfant, l'assistance au vieillard.

« C'est par une série d'œuvres particulières, s'étendant de proche en proche, du quartier à la cité, de la cité au département et du département à la nation, que nous résoudrons pratiquement les difficultés, qui, envisagées théoriquement, paraissent le plus insolubles.

« Je me suis un peu laissé entraîner ; je termine en vous remerciant de ce que vous avez déjà fait et en vous priant de ne pas laisser votre œuvre inachevée ; ne croyez pas en avoir fini en nous la confiant. Continuez-lui votre concours moral et effectif. Il nous sera toujours précieux. Je vous souhaite en retour d'avoir, dans les heures douloureuses dont aucune vie n'est exempte, la consolation de vous souvenir que vous avez été pour d'autres des consolateurs. » (*Applaudissements répétés.*)

M. Théophile Roussel se lève à son tour et pro-
nonce le discours suivant :

Mesdames,

Messieurs,

Quoique le programme de cette Fête porte la mention
d'un discours du Président à la fin de sa première partie,
j'estime qu'entre les discours que vous venez d'entendre
et les plaisirs que la seconde partie du programme vous
promet, il n'y a pas place pour un discours de plus. Ce
serait un acte de gâte-fête ; je vais m'efforcer de ne pas
le commettre.

Tout, sans compter l'altération de ma voix et l'état
fébrile sous l'influence duquel je me trouve, me commande de me tenir à mon rôle facile de Président, auquel
je n'avais pas d'autre titre, d'ailleurs, que mon admiration pour les œuvres qui sont l'objet de cette réunion. En
réalité, je ne suis ici qu'un auditeur, un des plus attentifs
et des plus touchés de ce qui vient de nous être dit. De
tout ce que nous venons d'entendre, de ce que j'ai vu
dans mes visites à l'École Braille de tout ce que j'ai
appris dans les circonstances récentes qui m'ont permis
de m'intéresser à l'avenir de cette École, il reste pour
moi le sentiment d'un devoir qui ne me permet pas
d'être absolument muet à cette place, le sentiment d'une
dette de reconnaissance à payer, d'un dernier hommage
à rendre, pour les résultats déjà acquis et pour tant de
bien déjà fait aux aveugles par l'École Braille et son
excellent Directeur.

Je ne dirai rien de l'histoire de la Société pour l'Assistance des Aveugles, si courte encore et si riche pourtant

de faits intéressants. Avant elle, la philanthropie et la science avaient beaucoup fait pour adoucir le malheur de la cécité. Ce n'est pas moi qui voudrais amoindrir la reconnaissance due à celui qui a appris à l'aveugle à lire avec ses doigts et qui, il y a plus de cent ans, a réussi à faire imprimer en relief, par ses élèves aveugles, ce mémorable livre publié sous le titre d'*Essai sur l'Éducation des aveugles*, et ce n'est pas moi qui pourrais méconnaître les services rendus par l'Institution nationale, à l'entrée de laquelle s'élève la statue de Valentin Haüy... Le bienfait de l'éducation qui s'y pratique, qui rapproche l'aveugle du voyant, qui lui permet de s'associer à ses œuvres, et lui rend les jouissances de la vie que la nature semblait lui refuser, suffit, certes, à rendre immortel le nom de l'homme qui l'a instituée et commande la reconnaissance envers ceux qui la donnent.

Mais, Mesdames et Messieurs, devait-on s'en tenir là? L'amour du progrès et de l'humanité, l'intérêt social ne commandaient-ils pas de chercher au delà, de demander davantage? C'est pour faire plus et aller plus loin que la Société d'Assistance pour les Aveugles s'est fondée, il y a douze ans, qu'elle a fait l'École Braille, avec ses Ateliers professionnels, qu'elle vient de faire ses nouveaux Ateliers-Asiles d'aveugles, indispensable complément des premiers, parce qu'ils ont pour but et auront pour avantage de donner à l'aveugle, au terme de son éducation professionnelle, un patronage et des moyens d'existence, en lui procurant un travail régulier et un salaire assuré.

Le caractère propre, distinctif, de l'École Braille, ne consiste pas, en effet, en ce qu'on y enseigne la lecture et l'écriture en points saillants d'après la méthode de celui dont l'École porte le nom, mais en ce qu'on y a pris pour règle et élevé à la hauteur d'un principe ce résultat de l'expérience, à savoir que, pour les aveugles pauvres, qui sont le plus grand nombre, le devoir d'humanité et le devoir social ne peuvent être remplis qu'à la condition d'ajouter à la culture de leurs facultés par l'éducation spéciale du toucher une éducation professionnelle complète et, de plus, un patronage qui assure leur sort après l'éducation.

Pour apprécier les services déjà rendus dans cette voie nouvelle par l'École Braille, il suffirait de lire le compte rendu que j'ai sous ma main de l'Assemblée générale du 17 juillet 1891, de la Société d'Assistance pour les Aveugles; et là ne se bornent pas les titres de cette Société à la reconnaissance publique. L'École Braille, suivant une expression que j'emprunte à M. Spuller, n'est qu'une des deux filles de la Société d'Assistance, sa fille cadette, qui lui fait grand honneur, mais qui lui a coûté tant de peine et d'efforts pour l'amener au degré de prospérité où nous la voyons. La fille aînée, qui n'a pas moins bien réussi, je parle de la Clinique nationale ophtalmologique, annexée à l'hospice des Quinze-Vingts, a eu la bonne fortune, dès sa naissance, presque avant sa naissance, d'être adoptée par l'État. Pour donner une idée des services qu'elle rend soit en faisant recouvrer la vue à de pauvres gens qui l'ont perdue, soit en la conservant à des malheureux menacés de la perdre, il suffit de rappeler des chiffres officiels, les derniers dont j'aie connaissance, ceux que je trouve, dans le compte rendu déjà cité du 17 juillet 1891 : il en résulte qu'en dix années la Clinique a reçu près de 110,000 malades, dont près de 10,000 hospitalisés et qu'elle a donné plus de 511,000 consultations. Tous ces

secours, tous ces soins, ont été répartis gratuitement, sans
condition de domicile et sans autre condition que d'être
pauvre, d'être menacé de perdre la vue ou de l'avoir
perdue avec possibilité de la recouvrer. Ai-je besoin
d'ajouter que l'Institution qui rend un tel service à l'humanité est, pour ses auteurs, un titre impérissable à la
reconnaissance publique ?

J'ai parlé plus longuement que je ne le voulais et le
nom de M. Péphau n'a pas encore été prononcé dans les
paroles que je viens de dire. N'est-ce pas, cependant,
Mesdames et Messieurs, ce nom qui doit, après cette
séance, rester dans notre pensée à tous, le nom de
l'homme dont l'initiative féconde et l'action persévérante
sont le trait saillant de cette première période de l'histoire de la Société d'Assistance pour les Aveugles? En
parlant tout à l'heure de l'émotion produite en moi par ce
que j'ai vu et entendu ici, j'étais encore sous l'impres-
sion des visites qui m'ont permis de constater qu'il n'y a
pas seulement, à la tête de l'École Braille, un Directeur
exceptionnellement habile, un administrateur qui a su
s'entourer d'auxiliaires excellents, mais aussi un homme
de cœur, plein de sollicitude pour les malheureux qui lui
sont confiés et qui est à l'École comme un vrai père, chéri
de tous ses enfants. C'est pourquoi, Mesdames et Messieurs, ne me sentant pas l'autorité nécessaire pour lui
rendre ici la justice et l'hommage reconnaissant qui lui
sont dus, je suis heureux de pouvoir, en finissant,
emprunter au témoin le plus autorisé des œuvres de
M. Péphau ces paroles que j'ai lues ce matin même
dans le compte rendu déjà cité de l'Assemblée générale
du 17 juillet 1891 :

« Vous m'en voudriez certainement, disait M. le Pré-

« sident, si je n'adressais pas nos plus cordiaux remer-
« ciements à notre cher Directeur dont vous avez pu,
« depuis si longtemps, apprécier toutes les éminentes
« qualités. Si j'en disais tout le bien que j'en pense et
« que vous en pensez tous, je le rendrais peut-être un peu
« confus, mais enfin — et dût sa modestie en souffrir —
« il faut bien cependant finir par dire la vérité et toute la
« vérité.

« Dans le rapport si complet qu'il vous a lu au début
« de la séance, c'est toujours à la Société elle-même qu'il
« reporte l'honneur de ce qui a été fait. Moi-même, dans
« tout ce que je viens de vous dire, j'ai suivi son exemple ;
« j'ai toujours parlé de la Société et je n'ai jamais parlé
« de lui.

« Mais au fond, qui donc a réellement tout fait ?
« Laissez-moi vous le dire en toute sincérité, lui et rien
« que lui.

« La Société elle-même, n'est-ce pas lui qui en a eu
« la première pensée, qui a su, dans la liste des fon-
« dateurs, grouper autour du nom de Gambetta les
« noms de nos plus éminents hommes d'État dont le
« concours, en toutes circonstances, a été si précieux et
« si efficace ?

« C'est lui aussi qui, avec le regretté Ficuzal, a le pre-
« mier songé à la création de notre magnifique Clinique.

« C'est encore lui qui a, le premier, conçu le projet de
« notre chère École Braille ; c'est lui qui l'a créée, orga-
« nisée, installée, dirigée, et qui la dirige encore.

« C'est lui qui, par son infatigable activité, par son
« dévouement inépuisable, par son intelligence si vive et
« si féconde, a su aplanir toutes les difficultés, associer
« toutes les bonnes volontés, découvrir les collaborateurs

« dévoués qui l'ont si bien secondé dans sa tâche, obtenir
« la subvention du Gouvernement et de l'Administration
« départementale, provoquer les libéralités des membres,
« donateurs. — Laissez-moi le dire en un mot : c'est lui
« qui a été et qui est toujours l'âme de notre Société.

« Et si, officiellement, nous ne pouvons reporter sur
« lui, comme ce serait justice, tout l'honneur de ce
« qui a été fait jusqu'ici, permettez-moi au moins, au
« nom de la Société tout entière, au nom de tous les
« aveugles, de lui dire du fond du cœur : Merci ! » (*Vifs*
applaudissements.)

Un concert du plus vif intérêt a suivi immédiatement
la séance.

On a entendu la belle cantate *Délivrance*, composée
par M. Théodore Dubois sur les vers de M. Paul De-
lair. Les chœurs étaient fort bien dirigés par M. de La
Tombelle et les principaux solis admirablement dits
par MM. Auguez et Warmbrodt. Grand éclectisme
dans la rédaction du programme.

En France, on peut le dire, il n'y a qu'à prononcer
le mot de « bienfaisance », aussitôt toutes les bonnes
volontés se font jour.

Mme Auguez (Berthe de Montalant) a été vivement
applaudie dans *Chanson de Pâques*, de M. de Roffignac,
et *Noël*, d'Augusta Holmès. Mme Deléage, une femme
du monde douée d'une voix charmante, a chanté plusieurs mélodies de MM. Th. Dubois et de La Tombelle,
qui ont été fort goûtées. M. Warmbrodt a retrouvé son
succès des concerts Colonne dans l'interprétation du

Repos de la Sainte Famille, d'Hector Berlioz. L'éminent pianiste I. Philipp a fait entendre un *Nocturne* de Chopin et un morceau de sa composition. Le violoniste White a été rappelé par le public après la belle exécution d'une romance de Svendsen et de la *Danse des Elfes*, de Popper. M. Auguez a interprété magistralement la chanson de l'Ivresse de la *Jolie Fille de Perth*. M. Foucault a fait le plus vif plaisir en exécutant *La Prière*, de René de Boisdeffre. Enfin le public a pu se rendre compte des progrès faits par les élèves de l'École Braille, qui ont fort bien chanté, sous la direction de leur professeur M. Charles Brun, le chœur des Fiançailles de *Lohengrin* et un chœur de *Philémon et Baucis*. L'habile accompagnateur M. Henri Frêne avait bien voulu, comme tous les artistes déjà mentionnés, prêter son gracieux concours à cette fête de bienfaisance.

Pendant la visite des ateliers, dont l'aménagement a été très approuvé, la musique de l'artillerie de Vincennes s'est fait entendre dans les cours de l'École.

La cérémonie s'est terminée par l'inauguration du beau bas-relief exécuté par M. Daniel Dupuis et encastré dans la façade du bâtiment de l'École donnant sur la Cour d'honneur.

————

Nous donnons ci-après le texte même de l'Étude à laquelle M. le Président SPULLER a fait allusion dans son discours. Nos lecteurs sauront apprécier la compétence de l'auteur.

4

ÉTUDE

SUR

L'ÉCOLE BRAILLE

ET SES ATELIERS

ÉTUDE

L'ÉCOLE BRAILLE

ET SES ATELIERS

L'École Braille est située à Saint-Mandé, près de la station du chemin de fer. Les bâtiments qu'elle occupe viennent d'être complétés par une magnifique construction destinée aux ateliers et aux magasins.

En entrant dans la cour d'honneur de l'établissement, on voit au frontispice de la façade principale un remarquable bas-relief, œuvre d'un de nos grands statuaires-médaillistes. Ce bas-relief définit, d'une manière frappante, le caractère et le but de l'École Braille ; à droite, un aveugle mendiant conduit par un chien ; au milieu, une figure de femme symbolisant la Société d'Assistance ; à gauche un groupe d'aveugles travailleurs. Par un geste à la fois noble et sévère l'aveugle mendiant est repoussé, tandis qu'un mouvement harmonieux du corps fait incliner la protectrice du côté des protégés, les aveugles travailleurs.

L'École Braille, tout en donnant aux jeunes aveugles une éducation morale et intellectuelle des mieux comprises, a surtout pour but d'en faire des hommes utiles à eux-mêmes et à la société, par le travail qui seul donne la dignité et l'indépendance. L'aveugle sans métier est fatalement condamné à être une charge publique, un mendiant; pour en. faire un membre actif de la société, se suffisant à lui-même, il faut lui apprendre un métier en rapport avec ses aptitudes et compatible avec son infirmité. C'est une erreur économique et psychologique de vouloir enfermer tous les aveugles dans le même cercle professionnel. Les aptitudes sont aussi variées chez les aveugles que chez les voyants; si on ne tenait pas compte de ce fait, les insuccès seraient écrasants. Lors même que tous les aveugles arriveraient à la médiocrité dans le métier unique, la concurrence entre eux et les voyants rendrait ce métier improductif et les rejetterait dans la mendicité. Le philanthrope, fondateur de l'École Braille, M. Péphau, a embrassé toutes ces questions et les a résolues autant avec son cœur qu'avec son intelligence.

Nous entrerons dans quelques détails sur le fonctionnement de l'École Braille, parce qu'il suffit de la bien connaître pour lui vouer un intérêt sympathique. Les élèves de cette école reçoivent d'abord une instruction équivalente à celle des enfants du même âge des écoles primaires ordinaires; nous pouvons même dire que l'avantage ne serait pas toujours du côté des voyants. L'aveugle voit avec ses mains. On lui apprend à lire avec des livres spéciaux dont les caractères sont en relief; il palpe ces caractères, les nomme, les assemble en syllabes, en mots, en phrases. L'habitude le conduit à déchiffrer le texte qu'il a sous les mains aussi facilement que le voyant lit le livre qu'il a sous les yeux. La forme des lettres de l'alphabet des aveugles ne ressemble pas à celle des voyants; l'alphabet Braille est une combinaison de points qui n'est point sans analogie avec l'alphabet télégraphique de Morse. Louis Braille était un aveugle de génie dont le système d'écriture est aujourd'hui universellement employé pour les aveugles. M. Péphau a été bien inspiré en donnant le nom de Braille à l'institution qu'il a fondée : on oublie si facilement les bienfaiteurs de l'humanité (1)!

Pour écrire, les aveugles sont munis d'un châssis rectangulaire qui reçoit le papier; une réglette en cuivre, ajourée de petits rectangles disposés sur deux lignes, se meut parallèlement à elle-même. L'élève, armé d'un style à pointe mousse, fait sur les bords des petits rectangles les points nécessaires pour représenter les lettres et les mots qu'il veut écrire. A la fin de ces deux lignes, il descend la réglette et commence deux autres lignes. La page terminée, il enlève la feuille du châssis, la retourne du côté où les points sont en saillie et lit avec les doigts.

Les livres à l'usage des élèves sont imprimés à l'école. L'imprimerie est très simple et très curieuse. Dans l'appareil à écrire, remplacez la feuille de papier par une feuille de cuivre ou de zinc et le style par un

(1) Un comité de souscription, dans lequel figuraient les principaux fondateurs de la Société d'Assistance pour les Aveugles, a fait élever à Coupvray (Seine-et-Marne), lieu de naissance de Louis Braille (1809-1852), un monument à sa mémoire.

L'inauguration a eu lieu le 30 mai 1887.

De son côté, le Conseil municipal de la Ville de Paris a donné le nom de Louis Braille à une rue du XIIe arrondissement.

poinçon et donnez un marteau à l'élève; il écrira avec
le poinçon et le marteau sur le cuivre comme il avait
écrit sur le papier avec le style. La feuille de cuivre re-
tournée est un véritable cliché d'imprimerie; il n'y a
qu'à mettre le cliché sous presse avec une feuille de
papier *ad hoc* et les points, c'est-à-dire l'écriture du
cuivre, sont transportés sur le papier.

L'enseignement de la langue française présente, on le
conçoit, des difficultés particulières. Dans la méthode
véritablement philosophique employée à l'École
Braille, on commence l'enseignement grammatical
par le verbe. Ce que les élèves connaissent le mieux,
en effet, ce sont leurs actes. Les idées de manger, de
boire, de toucher, de marcher, de travailler, de se
reposer, de s'asseoir, de se lever, de se coucher,
de dormir, d'aimer, de désirer, d'avoir de la peine,
du chagrin, de la satisfaction, de la joie, leur sont
beaucoup plus familières que les idées de choses
rendues par des noms. Le verbe c'est la parole, voilà
pourquoi les aveugles apprennent presque aussi vite à
parler que les voyants. Les noms d'actions familières
sont vite saisis dans leur signification; pour les noms
d'objets, il faut avoir recours à la leçon de choses;
c'est l'attouchement des objets qui remplace l'obser-
vation visuelle. L'adjectif est un véritable nom, un
nom de qualité qui s'ajoute au substantif pour lui
donner un sens plus défini, moins général. *Rouge* est
un nom de couleur; ajouté au substantif *ruban*, il
donne *ruban rouge* dont la signification est moins
générale que celle de *ruban* sans épithète. Mais les

couleurs sont des qualités qui tombent exclusivement
sous le sens de la vue et qui échappent par conséquent
aux aveugles. C'est une avenue de l'intelligence fer-
mée qui impose le devoir d'élargir les autres. Il est
possible de le faire en développant les autres sens. Le
toucher leur donne l'idée d'étendue, de grandeur, de
petitesse, de grosseur, de finesse, de poli, de rude, de
souple, de rigide, de toutes les formes géométriques ;
le relief des formes humaines et des œuvres d'art peut
même leur donner le sentiment du beau. Mais c'est
surtout le sens de l'ouïe qui ouvre aux aveugles des
horizons immenses sur les passions de l'âme. Ils sai-
sissent, dans les modulations de la voix, les sentiments
qui animent ceux qui leur parlent, la bienveillance, la
bonté, la tendresse ; tous les degrés de la satisfaction,
comme du mécontentement ; la joie et la souffrance,
le bonheur et la peine. La musique n'est pas un art
d'agrément pour les aveugles, c'est un puissant moyen
d'éducation morale ; elle n'est pas négligée à Braille,
quoiqu'on n'y vise pas à faire des musiciens de pro-
fession. Les aveugles deviennent fort habiles en calcul, ce qui prouve que l'esprit synthétise admirablement les sensations du toucher. C'est à l'aide du
boulier-compteur que l'on donne aux élèves la première idée des nombres, de leur composition et de
leur décomposition. Il faut un petit boulier à main
pour chaque élève, sans quoi l'enseignement serait
individuel et donnerait des résultats moins rapides
que l'enseignement simultané. De l'exercice du boulier, on passe à la numération écrite ; un appareil fort

ingénieux permet aux aveugles d'écrire les nombres,
de les additionner, de les soustraire, de les multiplier
et de les diviser, à la manière des voyants. Cet appareil consiste en un châssis recouvert d'une planche
métallique percée de trous carrés d'un peu plus d'un
centimètre, trous également espacés et disposés en
lignes horizontales et verticales; de deux cubes d'un
centimètre d'arête, portant sur leurs six faces, l'un
les six premiers chiffres de la numération, l'autre les
trois derniers, le zéro, les signes +, —. Ces deux
cubes doivent être en nombre, comme les caractères
d'imprimerie. Un nombre est-il dicté, l'élève place les
cubes portant les chiffres qui le représentent dans une
ligne horizontale de trous carrés réservés dans la
planche. Si on dicte plusieurs nombres, les cubes sont
placés sur autant de lignes horizontales de manière que
chaque ordre d'unité se trouve sur la même ligne ver-
ticale; l'addition se fait en commençant par la droite
et en mettant successivement sous chaque colonne
additionnée le cube qui porte le chiffre convenable.
L'aveugle procède de même pour les autres opérations; il imite en ceci le voyant, avec cette seule
différence qu'il lit avec les doigts les chiffres en relief
qui sont sur les cubes. Ce n'est qu'après que les élèves
sont suffisamment exercés aux quatre opérations
écrites qu'on les rompt au calcul mental rapide. Le
principe des abréviations du calcul mental découle de
la numération écrite : c'est la multiplication par 10,
100, 1,000, etc., en ajoutant à la droite du nombre
un, deux, trois zéros, etc., et la division par 10, 100,

1,000, etc., en séparant à la droite du nombre un, deux, trois chiffres, etc. Cette addition de zéros et cette séparation de chiffres se font admirablement sur des nombres qui n'existent que dans la mémoire; il en est de même des multiplications et des divisions mentales par 2, par 5, par 25, par 50, etc. Les interrogations en calcul à l'École Braille émerveillent toujours les auditeurs; les interrogations en géométrie n'ont pas moins de succès. Mais ce qui étonne le plus les visiteurs, c'est la force des élèves en géographie, science essentiellement d'aspect, qui, semble-t-il, devrait être inaccessible aux aveugles. Mais l'École Braille a créé des cartes qui rendent facile ce qui paraissait impossible. Pour construire, par exemple, une carte de France, on prend pour fond de la carte un panneau rectangulaire en bois léger. On découpe sur la carte que l'on veut reproduire une feuille de linoleum en suivant bien les contours de la contrée figurée. La feuille de linoleum découpée est collée sur le panneau et forme relief. Le contour de ce relief indique au toucher les limites de la France; les limites des provinces sont des bandes étroites de cuir; les limites des départements des bandes plus étroites; des fils de cuivre de grosseur différente indiquent les rivières et les fleuves; des bandes de cuir larges et épaisses, les chaînes de montagnes; des clous isolés, les principales villes; des chevilles, les ports de mer; des cordes fines qui courent sur des pitons à un centimètre au-dessus de la carte, les chemins de fer. Devant la carte, les aveugles commencent par prendre, pour se guider, la corde qui pend, fixée à un bout sur le point *Paris*. Ils étudient au toucher la partie de la carte qui fait l'objet de la leçon. On part des grandes divisions faciles à saisir et à classer dans la mémoire, pour arriver aux moindres détails. Mais avec les cartes de chevalet, les élèves ne pouvaient étudier que l'un après l'autre et l'enseignement était individuel. Lorsque les élèves devinrent nombreux à l'École Braille, il y eut nécessité de renoncer à l'enseignement individuel, même pour la géographie. On dut inventer de nouvelles cartes.

L'invention a consisté à approprier aux aveugles les *cartes jeu de patience*, vendues comme jouets. Pour cela on fait les pièces mobiles plus hautes que le fond; ce relief permet de définir au toucher les limites de la contrée. Chaque pièce découpée répond à une division territoriale; la forme en est saisissable pour les aveugles qui trouvent, aussi vite que les voyants, les pièces qui s'emboîtent autour de la pièce prise la première, celles qui s'emboîtent autour d'un premier groupe, d'un second groupe, etc. Les fleuves et les rivières sont indiqués en creux et forment des tronçons sur les pièces découpées; ces tronçons facilitent par leurs amorcements l'assemblage de la carte. Les chemins de fer sont indiqués par des lignes de petits clous; les villes, par des trous de différentes formes selon leur importance. Chaque élève suit la leçon collective avec sa carte, et c'est merveille de voir les élèves exercés présenter tous à la fois le département désigné, ou une série de départements traversés par le même fleuve.

Nous aurions beaucoup à dire encore sur l'école, ses admirables méthodes et ses résultats surprenants ; mais nous avons hâte de passer à l'enseignement professionnel, *au Palais du travail.*

Cet édifice, aux larges proportions, inondé de lumière, fournira pour chaque métier enseigné aux aveugles une vaste salle d'atelier, un magasin pour les matières premières et un magasin pour les objets fabriqués.

Les métiers enseignés, à ce jour, à l'École Braille sont la confection des paillassons, la vannerie, le rempaillage, le cannage, la brosserie et la confection des couronnes de perles.

Pour la confection des paillassons, les élèves font des tresses d'alfa qu'ils réunissent deux à deux ; ces bandes sont ensuite tissées, en quelque sorte, sur un métier, consistant en une espèce de peigne formé d'un madrier de la longueur du paillasson et de tiges de fer, régulièrement espacées et plantées dans le madrier ; les tiges de fer sont verticales et terminées à l'extrémité libre par une petite cavité. L'élève tisse, avec des tresses d'alfa, sur cette chaîne de fer ; lorsque le peigne est plein, on applique des aiguilles à ficelle sur la cavité de chaque tige de fer et en un tour de main la ficelle a remplacé le fer, et le paillasson est fait. Pour les paillassons riches, sortes de tapis, on a des métiers formés d'une planche de la dimension du tapis, hérissée de pointes plantées en échiquier et hautes de l'épaisseur du tapis. Les élèves contournent la tresse à travers ces pointes, de manière à former des dessins variés. Dans le travail des paillassons, c'est le métier qui guide la main. Nous décrivons les métiers, les instruments de travail minutieusement, parce que ces descriptions donnent l'intelligence de la méthode employée pour faire faire aux aveugles ce que font les voyants. Les instruments de travail n'ont pas tous été créés à l'école, mais la plupart ont été modifiés pour permettre aux aveugles de les utiliser.

Le rempaillage des chaises et le cannage se font de la même manière, que l'ouvrier soit aveugle ou voyant. Le cadre de la chaise guide l'aveugle ; la finesse de toucher qui lui est propre lui permet de donner au toron de paille une grosseur uniforme et d'artistement habiller ce toron avec une paille blanche ouverte en ruban. Dans le cannage, il se sert avec dextérité de la reprise, du peigne ou approchoir ; la *restante* est une aiguille fixe particulière aux aveugles et servant à les guider dans les passages de canne. Il y a quatre passages, deux dans le sens parallèle aux côtés de la chaise, et deux dans le sens des diagonales. Il en résulte un dessin en hexagones du plus bel effet, et ce sont des aveugles qui dessinent ainsi avec des brins de canne !

La première opération de la vannerie consiste dans le triage des osiers ; il faut les classer par grosseurs. Pour cette besogne, les mains des aveugles valent les yeux des voyants. Le mouillage a pour but de rendre l'osier souple ; cette opération doit être renouvelée lorsque le travail est discontinu. Les aveugles, pour faire un ouvrage de vannerie, un panier, par exemple, ont besoin d'un modèle et d'une forme. La forme consiste

en une planche carrée, munie de coins d'arrêt aux
angles ; chaque grandeur de panier a sa forme. Sur
un objet pour guide, la main des aveugles apprécie
les distances avec précision, mais elle est impuissante
dans le vide. Une fois la forme déterminée, le travail
devient facile et le toucher remplace le coup d'œil.
Toutefois le toucher est moins rapide, et un aveugle
ne fait guère que deux pièces lorsque le voyant en fait
trois. Encore faut-il que le travail des aveugles soit
terminé par un voyant, dans les parties délicates. L'é-
mancipation des aveugles ne sera jamais complète ; ils
auront toujours besoin de voyants soit pour finir certaines pièces, soit pour le montage de certaines autres,
et enfin, pour les relations extérieures, l'achat des
matières premières et la vente des objets fabriqués.
Mais leur travail leur rapportera un salaire suffisant
pour leurs dépenses personnelles et celles d'une famille;
c'est là la véritable indépendance.

La brosserie est un bon métier pour les aveugles.
Les planchettes trouées pour recevoir les pincées de
crin sont achetées toutes prêtes par les ouvriers voyants
comme par les ouvriers aveugles. Le délicat du métier
consiste à faire les pincées bien égales et juste à la
mesure des trous de la planchette. Les aveugles, si
merveilleusement doués sous le rapport du tact, ont à
cet égard une supériorité sur les voyants. La ficelle
qui relient les pincées ployées sur elles-mêmes est
attachée à un piton guide, et le travail de bouclage se
fait rapidement et sans hésitation.

La confection des couronnes de perles, métier réservé

aux jeunes filles, est le triomphe de l'École Braille.
Les ouvrières aveugles deviennent des artistes et ma-
rient les couleurs comme les voyants. C'est prodigieux
au simple énoncé ; ce ne le sera plus après quelques
mots d'explication. Imaginez-vous les perles distri-
buées, par couleurs, dans une boîte à compartiments,
comme les caractères d'imprimerie sont distribués, par
lettres, dans la casse. L'ouvrier imprimeur, par le fait
de l'habitude acquise, ne regarde pas la casse pour
choisir les lettres et se trompe rarement ; l'ouvrière en
perles apprend à si bien distinguer au toucher les
compartiments de sa boîte renfermant chacun des
perles de même couleur qu'elle ne se trompe jamais.
Pour alterner les couleurs elle compte les perles ; par
exemple pour un tortil aux couleurs nationales, de
cinq perles pour chaque couleur, elle puisera cinq fois
dans la case des perles bleues, de même dans la case
des blanches et des rouges. Il n'y a plus de mystère
dans ce travail ; mais l'admiration n'en est que plus
grande pour la méthode qui conduit à des résultats si
étonnants par des moyens si simples. Lorsque l'ouvrage
a une certaine longueur, au lieu de compter les perles,
on mesure les dimensions voulues, données sur l'établi
par des têtes d'épingle. La cannetille, fil de fer sur
lequel s'enroule en spirale un cordon de perles, est
l'étoffe de la confection des couronnes. Il importe donc
de fabriquer sa cannetille vite et bien. Un simple appareil, fait avec une vieille machine à coudre, dépouillée
de sa navette, de ses aiguilles, munie d'un crochet à
l'extrémité de son axe, remplit ce double but. La ma-

chine agit comme une roue de cordier ; une *S* portant un petit poids sert à espacer les spires du cordon de perles sur le fil de fer tendu. Dans cet état rudimentaire, l'appareil permet aux ouvrières de gagner, en l'employant, trois fois plus qu'en faisant de la cannetille à la main. L'invention est heureuse et elle sera perfectionnée.

L'École Braille ne nous en voudra pas de divulguer ses méthodes ingénieuses et ses inventions si utiles ; elle ne travaille que pour les déshérités et se réjouira des emprunts qu'on lui fera : elle est déjà riche et peut prêter beaucoup.

Cependant elle ne compte que dix années d'existence : c'est, en effet, le 1er janvier 1883 qu'elle fut installée par M. Péphau dans un humble local, avec deux élèves. Le fondateur avait la foi des grands cœurs ; sans se dissimuler les difficultés à surmonter, il avait foi dans l'avenir, et le temps lui a donné raison. Il avait foi surtout dans ce bon levain des grandes œuvres, la générosité et l'humanité qui sont le fond de l'âme de la France. La petite école est devenue palais et les deux élèves sont devenus cent vingt-six.

ANNEXES

ANNEXE

§ I

STATUTS

ARTICLE PREMIER.

L'Association, dite : *Société d'Assistance pour les Aveugles travail-leurs*, fondée en 1881, a pour but de soustraire à la mendicité le plus grand nombre possible de ces infortunés, en accordant aux aveugles valides et invalides, et à leur famille, un appui moral et matériel sous toutes les formes. Elle prendra, à l'avenir, le nom de **Société d'Assistance pour les Aveugles.**

Elle a son siège à Paris.

ART. 2.

L'Association se compose de *membres titulaires* et de *membres donateurs.*

Les *membres titulaires* sont ceux qui fournissent une cotisation annuelle dont le minimum est fixé à 12 francs, ou qui rachètent cette cotisation au moyen d'un versement de 100 francs.

Ils peuvent seuls prendre une part active à la gestion de la Société.

Les *membres donateurs* sont ceux qui ont versé une somme de 50 francs.

Ils peuvent assister aux Assemblées générales de la Société, avec voix consultative.

ART. 3.

Le Conseil d'administration se compose de seize membres élus au scrutin de liste, pour trois ans, par l'Assemblée générale. Les dames peuvent faire partie de ce Conseil, mais non du Bureau.

Il choisit parmi ses membres un bureau composé des Président, Vice-Président et Secrétaire, et il désigne les Agents de la Société : Directeur, Trésorier, etc.

Le Bureau est élu pour un an,

Le Conseil se réunit tous les deux mois et chaque fois qu'il est convoqué par son Président ou sur la demande d'un quart de ses membres.

En cas de vacance, le Conseil pourvoit au remplacement de ses membres, sauf ratification par la plus prochaine Assemblée générale.

Le renouvellement du Conseil a lieu tous les ans par tiers : la liste contiendra six noms la première année, cinq la seconde, cinq la troisième, et ainsi de suite pour chaque période triennale.

Les membres sortants sont rééligibles.

La présence du quart des membres du Conseil d'administration est nécessaire pour la validité des délibérations.

Il est tenu procès-verbal des séances.

Les procès-verbaux sont signés par le Président et le Secrétaire.

ART. 4.

Les délibérations relatives à l'acceptation des dons et legs, aux acquisitions et échanges d'immeubles sont soumises à l'approbation du Gouvernement.

ART. 5.

Les délibérations relatives aux aliénations, constitutions d'hypothèques, baux à longs termes et emprunts ne sont valables qu'après l'approbation par l'Assemblée générale.

ART. 6.

Le Directeur de la Société la représente en justice et dans tous les actes de la vie civile.

ART. 7.

Les fonctions des membres du Conseil d'Administration sont gratuites, celles des agents peuvent être rétribuées.

ART. 8.

Les ressources de l'Association se composent :

1° Des cotisations et souscriptions de ses membres;

2° Des dons de toute nature qui lui sont envoyés par des bienfaiteurs ;

3° Des dons et legs dont l'acceptation aura été autorisée par le Gouvernement;

4° Des subventions qui pourraient lui être accordées;

5° Du produit des ressources créées à titre exceptionnel avec l'autorisation du Gouvernement ;

6° Enfin du revenu de ses biens et valeurs de toutes natures.

Art. 9.

Les fonds disponibles seront placés en rentes nominatives 3 0/0 sur l'État, ou en obligations dont le minimum de revenu est garanti par l'État.

Art. 10.

Les moyens d'action de la Société sont :

1° Création d'écoles, d'ateliers ou maisons de travail, d'entrepôts et magasins pour le compte des aveugles;

2° Fondation d'un Bulletin ou Revue périodique; de cours, de conférences;

3° Attribution de prix et de médailles aux auteurs d'écrits, mémoires et inventions relatifs à l'amélioration du sort des aveugles.

Art. 11.

L'Association peut se diviser en différentes commissions et comités locaux.

Ces comités enverront au Conseil d'administration tous les renseignements relatifs à l'œuvre.

Ils patronneront et surveilleront les apprentis, les écoles et ateliers d'aveugles.

Art. 12.

Aucune publication ne peut être faite au nom de la Société sans l'examen préalable et l'approbation du Bureau.

Art. 13.

L'Assemblée générale des membres titulaires se réunit, au moins, une fois par an.

Son ordre du jour est réglé par le Conseil d'administration.

Son Bureau est celui du Conseil.

Elle entend les rapports sur la gestion du Conseil d'administration, sur la situation morale et financière de la Société.

Elle approuve les comptes de l'exercice clos, vote le budget de l'exercice suivant et pourvoit au renouvellement des membres du Conseil d'administration.

Le rapport annuel et les comptes sont adressés, chaque année, au Ministre de l'Intérieur.

Les membres titulaires peuvent voter dans les Assemblées générales par correspondance ou par procuration. Dans ce dernier cas, le mandataire, qui devra être sociétaire, ne pourra réunir plus de cinq voix, y compris la sienne.

Art. 14.

La qualité de membre titulaire se perd :

1° Par la démission ;

2° Par la radiation prononcée par l'Assemblée générale, à la majorité des deux tiers des membres présents, sur le rapport du Conseil d'administration et le membre intéressé dûment appelé à fournir des explications.

Art. 15.

Les Statuts ne peuvent être modifiés que sur la proposition du Conseil d'administration ou de vingt-cinq membres, soumise au Bureau au moins un mois avant la séance.

L'Assemblée générale extraordinaire, spécialement convoquée à cet effet, ne peut modifier les Statuts qu'à la majorité des deux tiers des membres présents.

L'Assemblée doit se composer du quart, au moins, des membres en exercice.

Si ce nombre n'est pas atteint, une seconde assemblée, convoquée à quinze jours d'intervalle, pourra, quel que soit le nombre des membres présents, voter les modifications proposées par le Conseil.

La délibération de l'Assemblée est soumise à l'approbation du Gouvernement.

Art. 16.

L'Assemblée générale appelée à se prononcer sur la dissolution de l'Association, et spécialement convoquée à cet effet, doit comprendre au moins la moitié plus un des membres en exercice. Ses résolutions sont prises à la majorité des deux tiers des membres présents et soumises à l'approbation du Gouvernement.

Si l'Assemblée générale convoquée pour voter la dissolution de la Société ne comprend pas la moitié plus un des membres en exercice, le Conseil convoquera, à nouveau, à un mois d'intervalle, les membres titulaires. Les résolutions prises dans cette seconde réunion seront valables, quel que soit le nombre des membres présents.

Art. 17.

Les biens de toute nature qui adviendront à la Société seront, au cas où elle cesserait de fonctionner sous la forme déterminée aux présents Statuts, ou en cas de dissolution, ou même en cas de retrait de l'autorisation donnée par le Gouvernement, dévolus par délibération de la Société, sous réserve de l'approbation du Gouvernement, à l'Hospice national des Quinze-Vingts, pour en employer les revenus à augmenter le nombre des pensions qu'il sert aux aveugles.

Art. 18.

Un règlement intérieur, adopté par l'Assemblée générale et approuvé par le Ministre, arrête les conditions de détail propres à assurer l'exécution des présents Statuts. Il peut toujours être modifié dans la même forme.

Paris, le 12 Janvier 1886.

Vu : à la section de l'Intérieur,
le 19 janvier 1886.

Le Rapporteur,
Signé : DE SALVERTE.

Vu : en Conseil d'État, le 28 janvier 1886.

Le Maître des Requêtes,
Secrétaire général du Conseil d'État,
Signé : Alex*dre* FOUQUIER.

Déclarée d'utilité publique par décret du Président de la République française.

Paris, le 4 mars 1886.

Signé : CARNOT.

ANNEXE

§ II

ÉTAT des sommes versées à la Société d'Assistance par les Souscripteurs et Donateurs depuis l'origine (9 mai 1880) jusqu'au 1er mai 1893.

1880 (du 9 mai).	21.794 18
1881.	9.052 68
1882.	23.854 80
1883.	12.337 90
1884	6.756 10
1885.	9.486 83
1886.	3.545 65
1887.	3.007 50
1888	2.739 95
1889.	1.985 »
1890.	3.355 »
1891.	2 722 35
1892.	2.673 »
1893 (1er mai).	144 »
TOTAL.	103.454 94

ANNEXE

§ III

ÉTAT des pièces à fournir pour l'admission d'un élève à l'École Braille.

L'École Braille reçoit *gratuitement* les enfants aveugles indigents des deux sexes âgés de six à treize ans, de nationalité française, et dont les familles sont domiciliées dans le département de la Seine.

Elle reçoit également des internes, des demi-pensionnaires et des externes dont le prix de pension est ainsi fixé : internat, 1,000 francs; demi-pension, 600 francs; externat, 400 francs; payable par dixième et d'avance.

Le trousseau de l'interne est évalué à 350 francs exigibles au moment de l'admission.

En dehors de l'instruction primaire qui leur est donnée dans cette institution, les enfants sont exercés à des *métiers manuels* pour leur permettre à l'âge adulte de gagner à peu près leur vie.

Les pièces exigées pour l'admission d'un enfant à l'École Braille sont les suivantes :

1º Une demande adressée à M. le Préfet de la Seine (direction de l'Enseignement primaire, bureau central);

2º Un extrait de naissance;

3º Un certificat délivré par les soins du directeur de l'hospice des Quinze-Vingts, 28, rue de Charenton, constatant que le candidat a été examiné à la clinique nationale ophthalmologique de cet établissement, et que sa cécité est complète et incurable; qu'il jouit de ses facultés intellectuelles, et qu'il est apte à suivre les cours de l'École; qu'il n'est point épileptique, qu'il n'est atteint ni de scrofule au second degré, ni d'aucune maladie incurable ou contagieuse, ni d'aucune infirmité qui puisse le rendre inhabile aux travaux dont les aveugles sont capables; enfin, qu'il a eu la petite vérole ou qu'il a été vacciné, et, dans ce dernier cas, que l'éruption vaccinale a eu son entier développement;

4º Un certificat du maire attestant que les parents ne peuvent subvenir aux frais d'éducation de leur enfant;

5º Un extrait du rôle des contributions délivré par le percepteur.

NOTA. — Les pièces nos 4 et 5 ne sont pas réclamées pour les élèves libres. Toutes les pièces peuvent être produites sur papier libre.

ANNEXE
§ IV
ÉTAT du mouvement de la population élève au 1ᵉʳ mai 1893.

| ANNÉES | ENTRÉES | | SORTIES | | CAUSES DES SORTIES | | | | DÉCÈS | | OBSERVATIONS |
| | | | | | Repris par la famille | | Admis à l'Inst. nationale | | | | |
	Garçons	Filles	Garçons	Filles	Garçons	Filles	Garçons	Filles	Garçons	Filles	
1883	15	»	1	»	»	»	1	»	»	»	
1884	5	7	»	»	»	»	»	»	»	»	
1885	15	19	»	2	»	1	»	»	»	1	
1886	2	2	5	1	3	»	1	»	1	1	
1887	12	11	5	1	2	»	3	1	»	»	
1888	2	3	2	2	1	»	1	2	»	»	
1889	8	8	5	2	»	1	4	1	1	»	
1890	12	13	2	2	»	»	2	»	1	1	
1891	7	10	1	5	1	2	»	2	»	1	
1892	9	2	3	3	2	1	1	2	»	»	
	87	75	24	18	9	5	13	8	3	4	
	162		42		14		21		7		
	120				42						
1893	4	2	»	»	»	»	»	»	»	»	
Totaux au 1ᵉʳ mai.	126				42						

ANNEXE

§ V

*STATISTIQUE des malades externes et des malades
hospitalisés de 1881 à 1892.*

ANNÉES	EXTERNES		ANNÉES	HOSPITALISÉS. NOMBRE			
	Nombre	Consul-tations		Hommes	Femmes	Enfants	Total
1881	6.412	27.064	1881	219	106	24	349
1882	7.908	28.798	1882	264	190	22	476
1883	8.070	33.121	1883	326	214	39	579
1884	8.757	41.566	1884	449	262	31	742
1885	9.332	52.108	1885	442	303	59	804
1886	9.801	45.476	1886	512	378	69	959
1887	10.190	41.262	1887	612	458	92	1.162
1888	11.275	47.274	1888	702	564	107	1.373
1889	13.566	45.764	1889	769	591	159	1.519
1890	14.050	44.163	1890	794	574	106	1.474
1891	14.668	47.062	1891	912	643	139	1.694
1892	15.273	46.424	1892	909	729	165	1.803
Totaux.	129.302	503.082		6.910	5.012	1.012	12.934

Le nombre des journées de traitement pour les 12.934
   malades hospitalisés s'étant élevé à 139.353
Et celui des consultations données aux 129.302 externes à   503.082

On obtient un total de consultations de 642.435

LISTES

MEMBRES DE LA SOCIÉTÉ

MEMBRES FONDATEURS DÉCÉDÉS

MM.

ALAZARD (René), 22, rue du Regard, Paris.
ANONYME (E.), ancien capitaine.
ANONYME de Corbeil.
ANONYME, par le Dr Fieuzal.
ANONYMES divers, par *Le Petit Journal.*
ANONYMES divers, par la Poste.
ARBEY (Mlle), 31, rue Vaneau, Paris.
BASSET, maire de Saint-Front (Lot-et-Garonne).
BONNAFONT, docteur, pour le compte de la Section française des
    aveugles.
CAMOLET (Mme), à Cette.
DAMON, négociant, 16, avenue Daumesnil, Paris.
DELHOMME (Alexandre), à Crézancy (Aisne).
DUTARD, avocat, à Andrésis (Seine-et-Oise).
DUVAL (Mme veuve), à Montmorency (Seine-et-Oise).
FARRE (le général), ancien Ministre de la Guerre.
FERRY (Jules), sénateur, ancien Président du conseil des ministres
FIEUZAL (Édouard), médecin en chef des Quinze-Vingts.
GALLÈS, liquidateur judiciaire, 8, rue Castellane, Paris.
GAMBETTA (Léon).
GORRE, 3, rue Daubigné.
HÉROLD, sénateur, préfet de la Seine.
HESS (veuve), inspectrice du travail dans les ateliers de la Seine.
HOCHARD (Élise), 13, place de la Madeleine, Paris.
JAURÉGUIBERRY (l'amiral), sénateur, ancien Ministre de la Marine.
LAFFON (René), député de l'Yonne.
LALANNE (Ernest), château de Beauplan (Seine-et-Oise).
LAMBLIN, sous-directeur aux Finances.
LEGOY, à Aix (Bouches-du-Rhône).

LEPÈRE (Charles), député, ancien Ministre de l'Agriculture et de l'Intérieur.

LOIZILLON (Henri), ancien colonel d'état-major.

MALHERBE (comtesse de), 153, boulevard Malesherbes, Paris.

MÉRET, propriétaire, Bordeaux.

MOUSSERON (veuve), à Paris.

PEYROL (veuve), à Paris.

SELLIER (Louis), propriétaire à Châlons-sur-Marne.

TOURASSE, à Pau.

TREMBLAY (Louis), à Paris.

WARENHORST, commerçant, 51, rue de Charenton, Paris.

WEILL, directeur de l'hôpital Rothschild, à Paris.

Ces membres fondateurs ont racheté leur souscription annuelle par un versement de 100 francs et au-dessus.

FONDATEURS

(PERSONNES MORALES)

Départements, Conseils généraux, Communes, Conseils municipaux, Ville, Ministères, Établissements publics, Sociétés, Académies, Inspections primaires, Lycées, Collèges.

Le département de la Haute-Garonne.

Les conseils généraux :

Ardennes, Eure-et-Loir, Gard, Indre-et-Loire, Lot-et-Garonne, Lozère, Nord, Pyrénées (Basses-), Saône (Haute-), Seine-Inférieure, Seine-et-Oise, Yonne.

Les communes de :

Breuches (Haute-Saône), Boukanéfis (Oran), Damas et Bettegney (Vosges), Épinac (Saône-et-Loire), Escles (Vosges), Étival (Vosges), Flize (Ardennes), Gérardmer (Vosges), Lambèse (Constantine), Lunel (Hérault), Mortagne (Vosges), Provenchère-sur-Fave (Vosges), Rupt-sur-Moselle (Vosges), Villefranche (Alpes-Maritimes).

Les conseils municipaux de :

Argenteuil (Seine-et-Oise), Cette (Hérault), Champlost (Yonne), Châteauroux (Indre), La Châtre (Indre), Crépy (Oise), Gergy (Saône-et-Loire), Gray (Haute-Saône), Havre (Seine-Inférieure), Issy (Seine), Montbéliard (Doubs), Monthermé (Ardennes), Montpellier (Hérault), Auroux-sur-Saône (Saône-et-Loire), Rethel (Ardennes), Saint-Nazaire (Loire-Inférieure), Sidi-Bel-Abbès (Oran).

Les villes de :

Argenteuil (Seine-et-Oise), Châtel (Vosges), Draguignan (Var), Dunkerque (Nord), Gray (Haute-Saône), Havre (Seine-Inférieure), Issoudun (Indre), Nantes (Loire-Inférieure), Pau (Basses-Pyrénées).

Ministère des Finances :

Direction du Cabinet, Caisse centrale du Trésor public, Direction de la Comptabilité publique, Direction du Contentieux, Direction de la Dette Inscrite, Dette publique, Direction générale des Contributions directes, Direction générale des Douanes, Direction générale de l'Enregistrement.

Ministère de l'Instruction publique :

Direction du Cabinet, la Banque de France, la Bourse, Carcas-

sonno (la Trésorerie générale), le Crédit foncier, Dépôts et Consignations (Caisse des), Épernay (Hospice civil d'), Agents de change (le
Syndicat des), Betting-Club (le), Cercle des Arts industriels (le), Rece-
veurs-Percepteurs de la Seine, la Société financière, Sœurs Sainte-
Chrétienne, Maison de Réthel (Ardennes), l'Académie de Grenoble.

Les Inspections primaires de :

L'Ardèche, Calvados, Haute-Garonne, Isère, Vaucluse.

Les Lycées de :

Agen, Albi, Alger, Angoulême, Bastia, Bayonne, Bordeaux, Bourg,
Caen, Charleville, Évreux, Guéret, Mans, Mont-de-Marsan, Nancy,
Nîmes, Niort, Pau, Périgueux, Saint-Brieuc, Saint-Sever, Sens, Tou-
louse, Tours, Vesoul.

Les Collèges de :

Beaune, Honfleur, Privas, Roanne, Saintes, Saint-Gaudens, Ver-
neuil (Eure).

---

*Ces assemblées, personnes morales ou Établissements, ont racheté leur
souscription annuelle par un versement de 100 francs et au-dessus.*

MEMBRES FONDATEURS RACHETÉS

MM.

ABRAHAM (Diogène), à Nancy.

ANDREIS (Élisée de), député, 13, rue Saint-Florentin, Paris.

ARNAUD (Mme), 25, rue de Surène, Paris.

ARNAUD (Joseph), 25, rue de Surène, Paris.

AUNET, notaire, à Bellême (Orne).

BÉRAL (Éloi), sénateur, inspecteur général des mines, Paris.

BLAIS-MOUSSERON (Mme), 3, rue Chanez, Paris.

BLECH (Charles), industriel, 23, rue Ballu, Paris.

BOSSIÈRE, à Paris.

BOULEY (Mlle), professeur à l'Institution nationale des Jeunes Aveugles.

BOUTARD, 8, rue Dieu, Paris.

BULLIER, propriétaire, 29, avenue de l'Observatoire, Paris.

CACHEUX (Émile), 25-29, quai Saint-Michel, Paris.

CALVÉ (Emma), artiste lyrique, 66, rue de Ponthieu, Paris.

CARENON et TUR, négociants à Moussac (Gard).

CARNOT (Sadi), Président de la République française.

CÉLIÈRES (Joseph), docteur, médecin de l'Hospice national des Quinze-Vingts.

CHAMBAREAUD (Louis), conseiller à la Cour de Cassation, 3, quai Voltaire.

CHAUMEIL, inspecteur primaire, 172, boulevard Montparnasse, Paris.

CHIBOUST (Mlle), 22, avenue Victoria, Paris.

CHRISTOPHLE, député, gouverneur du Crédit foncier.

CHOUDRY (Ferdinand), propriétaire à Avize (Marne).

CLAUZEL (comte René), conseiller référendaire à la Cour des Comptes, 10, place Vintimille, Paris.

CLÉMENT-PARENT, architecte, 20, boulevard des Invalides, Paris.

CLERC (Mme), née Kreysselle, maison Vernier à Luxeuil (Haute-Saône).

COLMET-DAAGE, propriétaire à Écuelle (Seine-et-Marne).

CONSTANS, sénateur, ancien Ministre de l'Intérieur.

CORDIER (Nicolas), à Paris.

CORRARD, notaire honoraire, 17, rue Monsigny, Paris.

CROISY (Émilie), lingère, 39, rue Saint-Pétersbourg, Paris.

DARIDAN, propriétaire, 102, avenue d'Orléans, Paris.

DEFAUX, artiste-peintre, à Montigny-sur-Loing (Seine-et-Marne).

DEGUINGAND, propriétaire, 18, rue des Carrières, Vincennes.

DELHOMME (Mme Fanelly), propriétaire, à Crézancy (Aisne).

DESPORTES, propriétaire, 261, rue Saint-Denis, Paris.

DILLON (comte), à Paris.

DUNAND, propriétaire, 13, rue Malesherbes, Lyon.

EPPINGER, professeur à l'Institution nationale des Jeunes Aveugles.

ERLANGER (baron), 20, rue Taitbout, Paris.

FÉRY D'ESCLANDS (Alphonse), conseiller-maître à la Cour des Comptes.
18, rue François Ier, Paris.

FLEURIMONT (Mme Camille), 34, rue Saint-Lazare, Paris.

FRITZ, brasseur, à Paris.

GASTÉ (de), député, 19, rue Saint-Roch, Paris.

GENTIEN, propriétaire, 8, rue Drouot, Paris.

GEORGET, 34, rue de Vouillé, Paris.

GOBLET (René), sénateur, ancien président du Conseil des Ministres,
69, avenue Henri-Martin, Paris.

GORRE, propriétaire, boulevard Morland, Paris.

GOUJET, rentier, 17, quai des Fleurs, Paris.

GOUJON, docteur, sénateur, maire du XIIe arrondissement de Paris.

GRAUX (Gustave), préfet du Doubs.

GRILLON (E.), 18, rue de Provence, Paris.

GUILBEAU, professeur à l'Institution nationale des Jeunes Aveugles.

HART, rentier, à Nanterre (Seine).

HÉBERT, à Bernay (Eure).

HOLLANDE (Jules), négociant, 114, rue de Charenton, Paris.

HOUDART, négociant en vins, 138, rue de Belleville, Paris.

HOURY, colonel en retraite, à Ars-sur-Moselle.

ICARAHY (Mme de), 212, boulevard Saint-Germain, Paris.

IMBERT (Hugues), secrétaire de la Direction des Quinze-Vingts.

JEANNEL (Raymond), receveur de l'Hospice national des Quinze-Vingts.

JOLLY-BELLIN (Mme veuve), à Sarre (Basses-Pyrénées).

JULIEN, propriétaire, 3, rue de la Bourse, Paris.

LABORDE (Mme Rosine), 66, rue de Ponthieu, Paris.

LABORDE (Vincent), docteur, membre de l'Académie de médecine, 1, boulevard Saint-Germain, Paris.

LALANDE (Émile), 6, boulevard Richard-Lenoir, Paris.

LALANDE (Mme E.), 6, boulevard Richard-Lenoir, Paris.
LALANNE (Mme Marie), 105, rue Saint-Lazare, Paris.
LEDOUX, propriétaire, 2, rue des Augustins, à Arras.
LEGRET (Eugène), chirurgien-dentiste, à Boulogne-sur-Seine (Seine).
LENSEIGNE (Émile), rentier, 21, rue Condorcet, Paris.
LOIZILLON (Mlle Marie), inspectrice générale honoraire des Écoles maternelles, 17, avenue de La Motte-Piquet, Paris.
LORQUET (A.).
LUCAS (Mme Anna), 16, boulevard La Tour-Maubourg, Paris.
MAGNIN, sénateur, ancien Ministre, gouverneur de la Banque de France.
MARRAUD (François), ancien président de la Chambre des Agréés, 7, rue Logelbach, Paris.
MARTEL, propriétaire, 43, rue Caumartin, Paris.
MAULDE (de), ancien sous-préfet, 10, boulevard Raspail, Paris.
MAY (Mme), chez M. Georges Bloch, à l'École militaire de Saint-Cyr.
MAY, à l'École militaire de Saint-Cyr.
MAYER (Gaston), avocat au Conseil d'État et à la Cour de Cassation, 3, rue Montaigne, Paris.
MAZEAU (Charles), sénateur, premier président de la Cour de Cassation, 10, cité Vaneau, Paris.
MEINER (Edmond), propriétaire à Isle-sur-Doubs (Doubs).
METTLINO, artiste-peintre, 60, rue Perronnet, à Neuilly (Seine).
MILLY (la vicomtesse de), aux Boissettes (Seine-et-Marne).
MITOUFLET, propriétaire, 24, rue Spontini, Paris.
MOREAU, trésorier-payeur général, à Auxerre.
MORRIS (B.), propriétaire, au Grand-Hôtel, Paris.
OUDOUL, négociant, 186, rue de Rivoli, Paris.
PALMER, propriétaire, 17, avenue de Paris, à Versailles.
PÉPHAU (Alphonse), directeur de l'Hospice national des Quinze-Vingts.
PÉPHAU (Théophile), capitaine de vaisseau, 28, rue de Charenton, Paris.
PEYCAM, chef de bureau au chemin de fer de l'Est, Paris.
PICHE (Albert), propriétaire, 8, rue Montpensier, Pau.
PIETKIEWICZ (Valérien), docteur, médecin-dentiste de l'Hospice national des Quinze-Vingts.
POITEVIN, rentier, 92, avenue de Villiers, Paris.
POMMIER (Alfred), rentier, 30, rue du Sentier, Paris.
PORCHEROT, propriétaire à Saint-Cyr-sur-Loire (Indre-et-Loire).
POTICHE (vicomte de), 15, rue du Helder, Paris.
POTHIER, 8, rue Plisson, à Saint-Mandé.
POTHIER (Mme), 8, rue Plisson, à Saint-Mandé.
PRÉVOT, propriétaire, à Vulaines (Seine-et-Marne).

Reinach (Joseph), député, 5, avenue Van-Dyck, Paris.

Riché, maire de Vulaines (Seine-et-Marne).

Rondeau, docteur, 81, rue de la Pompe, Paris.

Rondeau (Mme), 81, rue de la Pompe, Paris.

Rothschild (baron Alphonse de), 2, rue Saint-Florentin, Paris.

Rothschild (baron Edmond de), 41, rue du Faubourg-Saint-Honoré, Paris.

Rothschild (baron Gustave de), 23, avenue Marigny, Paris.

Rothschild (baronne Nathaniel de), 33, rue du Faubourg-Saint-Honoré, Paris.

Saint-Prégnan (baronne de), 4, rue Murillo, Paris.

Taiclet, rentier, à Paris.

Texier (Auguste), propriétaire, rue de la Boulangerie, à Saint-Denis (Seine).

Thiriais, rentier, à Paris.

Thirion (Charles), rentier, à Paris.

Thomas de Kercado, maire, à La Roche-Bernard (Morbihan).

Tourangin, docteur-médecin, 20 bis, boulevard Voltaire, Paris.

Vacher, avoué honoraire, 10, rue La Bruyère, Paris.

Vallery-Radot, homme de lettres, 14, rue de Grenelle, Paris.

Vas de Cavalhaes, propriétaire à Pau.

Vioneau, rentier, à Amboise (Indre-et-Loire).

Vollamin, docteur-médecin à Villefranche (Alpes-Maritimes).

Yver, notaire, 10, rue de Châteaudun, Paris.

Ces membres ont racheté leur souscription annuelle par un versement de 100 francs et au-dessus.

MEMBRES FONDATEURS

versant une cotisation annuelle.

MM.

ABBADIE, maire de Saro (Basses-Pyrénées).
AGUERRE, propriétaire à Saro (Basses-Pyrénées).
ANJUBAULT (Mme veuve), 41, rue Keller, Paris.
AUVRY (Mme), 125, rue d'Allemagne, Paris.
BACOT (Mme), 17, avenue de La Motte-Piquet, Paris.
BIÉVILLE (de), avoué, 5, rue Saint-Georges, Paris.
BOUTON DE ROCHEFORT, à Semeur-en-Brionnais (Saône-et-Loire).
BRILLEUX, négociant, 51, avenue Ledru-Rollin, Paris.
CAILLETTE, entrepreneur de travaux publics, 151, rue de Bercy, Paris
CHABERT, trésosier-payeur général à Mâcon.
CHARGÈRES (comtesse de), au château de Gueugnon (Saône-et-Loire).
CONTAUSET (Eugène), 10, rue Saint-Simon, Paris.
CORNAILLES (Georges), à Cambrai (Nord).
CRÉTÈS, opticien, 66, rue de Rennes, Paris.
DANSE, propriétaire à Chaumon-en-Vexin (Oise).
DELSAL, propriétaire, 4, boulevard de Sébastopol, Paris.
DESVIGNES, pharmacien, 41, rue du Faubourg-Saint-Denis, Paris.
DEVALLENCIENNE, propriétaire à Argentan (Orne).
DUBESSIS (Mlle), à Nesles-la-Vallée (Seine-et-Oise).
DUPUIS (Léon), propriétaire à Rosières (Cher).
DUPUIS (Maximilien), architecte, 86, rue de l'Assomption, Paris.
DUQUESNE (Alfred), propriétaire, 9, place de la Madeleine, Paris.
DUTILLEUX (Mme), 1, rue Nouvelle, Paris.
EUDELIN (Auguste), propriétaire, 22, rue Saint-Augustin, Paris.
La commune de FERDRUPT (Vosges).
FÉRET, 42, rue aux Ours.
GAUTHIER (Adolphe), opticien, 41, rue des Francs-Bourgeois, Paris.
GÉRAUD, conservateur des Hypothèques, 114, rue Nollet.
GILLY (Mme veuve), à Mâcon (Saône-et-Loire).
GODELIER (Mmes), 140, boulevard Raspail Paris.
GUÉRET (Louis), propriétaire, 72, boulevard de la Gare, Paris.
GUILLERMO-POZZY, 31, Pral Infantas, Madrid.
JACOB (Mme), propriétaire à Flize (Ardennes).
KELLERMANN, receveur principal des Douanes à Marseille.

LABORDE (Victor), percepteur des Contributions directes à Castelnau (Hérault).

LABORDE (Mme Victor), à Castelnau (Hérault).

LEREMBOURE (Gustave), propriétaire, à Sare (Basses-Pyrénées).

La commune de LÉZAT (Ardèche).

LISCH (Juste), architecte, 14, rue Marignan, Paris.

MARRAUD, trésorier-payeur général à Poitiers.

MARTIN (Dr A.-J.), inspecteur général 3, rue Gay-Lussac, Paris.

MARTIN, chef du Contrôle au ministère des Finances, 32, quai de Béthune, Paris.

MARTIN, pharmacien, avenue Ledru-Rollin, Paris.

MATHÉ (Mme), 7, boulevard Voltaire, Paris.

MELOUZAY, professeur agrégé au lycée Fontanes, Paris.

La commune de MÉRY-SUR-SEINE (Aube).

MOTARD, rue du Val-de-Grâce, 9.

MULLER, chef de bataillon au 102e de ligne, Paris.

La commune de NOGENT-SUR-SEINE (Aube).

PABST, artiste-peintre, 17, rue d'Offrémont, Paris.

PAUMALLE (Mme veuve Ad.), au Pechereau, par Argenton (Indre).

PETIT, propriétaire, 75, rue de Rome, Paris.

La ville de PONTARLIER (Doubs).

PRÉTOT, négociant, 144, rue de Lyon, Paris.

RISCHMANN, directeur de la Dette inscrite, à Saint-Mandé, Paris.

ROBINET (Mme), rue Saint-Quentin, Paris,

ROBLIN, maire de Betz (Oise).

La commune de ROSIÈRES (Aube).

ROUSSEAU (Henri), trésorier-payeur général, à Blois.

SACHET, papetier, 20, boulevard Saint-Michel, Paris.

La ville de SAINT-JUSTE-CHAUSSÉE (Oise).

La commune de SAINT-MATRÉ (Lot).

La ville de SAINT-MIHIEL (Meuse).

SCHVESTER (Albert), 9, rue du Parc, à Meudon (Seine-et-Oise).

SCHVESTER (Mme Albert), 9, rue du Parc, à Meudon (Seine-et-Oise).

SENNÉ, 4, rue de Jarente, Paris.

SIZERANNE (Maurice de La), 14, avenue Villars, Paris.

TASCHEREAU (Jules), receveur des Finances, 260, boul. St-Germain, Paris.

TERNISIEN (Henri), 37, rue Charles-Laffitte, Neuilly (Seine).

La commune de THILLOT (Vosges).

TOUSSAINT (Mlle Julie), 7, rue de Bruxelles, Paris.

TRAVERSIER (Mme veuve), 135, avenue du Roule, Neuilly (Seine).

TRÉMEAU (H.), au château de Sain-Géran (Allier).

Ces Membres versent une cotisation annuelle de 12 francs et au-dessus.

MEMBRES DONATEURS

MM.

Allard, 12, place de la Bourse, Paris.

Anonyme du Betting-Club, Paris.

Anonyme, 15, rue de Maubeuge, Paris.

E. Bécul, directeur de la Compagnie du télégraphe de Paris à New-York, à Brest.

Cambures (Vincent), président du Conseil général du Lot, à Cahors.

Cambourg (baron P. de), représentant de la Compagnie du télégraphe de Paris à New-York, rue Châteaudun, à Paris.

Chantreau, 24, rue Beccaria, Paris.

Hachette, libraire, 79, boulevard Saint-Germain, Paris.

Haelin, 40, rue Jeûneurs, Paris.

Hollande (Mme J.), 114, rue de Charenton, Paris.

Hollande (les enfants), 114, rue de Charenton, Paris.

Houdetot (le comte de), trésorier-payeur général, à Foix.

Kalendero-Pergo, 3, boulevard Saint-Michel, Paris.

Lesage, directeur de l'Institution Massin, à Paris.

Lewal (le général), ancien ministre de la Guerre.

Monnier, ingénieur de la Compagnie du télégraphe de Paris à New-York.

Mouchez (l'amiral), directeur de l'Observatoire de Paris.

Nimès, 15, rue Maubeuge, Paris.

Paul, préfet de l'Ariège.

S... (Mme veuve), chez Mme Louënan, Paris.

Schneider (Mme), au Creuzot.

Tirckeim (baron de), chef de service à la Compagnie du télégraphe de Paris à New-York, rue de Châteaudun, Paris.

Versinac (Charles de), sénateur, 19, rue Cassette, Paris,

Wilson, ancien sous-secrétaire d'État au ministère des Finances.

Les communes de : Bar-sur-Aube (Aube), Bolbec (Seine-Inférieure), Bouilly (Aube), Chalezeule (Doubs), Château-Lavallière (Indre-et-Loire), Goux-les-Usiers (Doubs), Jarnac (Charente), Luvigny (Vosges), Ollioules (Var), Raon-l'Étape (Vosges), Roanne (Loire), Villenauxe (Doubs), Vouvray (Indre-et-Loire), Xertigny (Vosges).

La ville de Fontenay-le-Château (Vosges).

Les conseils municipaux de Beaudrières (Saône-et-Loire), La Haye-Descartes (Indre-et-Loire), La Machine (Nièvre).

La direction générale des manufactures de l'État (ministère des Finances).

Les Percepteurs du département de la Seine.

Le personnel de la direction des contributions indirectes de Beauvais.

Les lycées de Châteauroux, Nîmes, Rennes, Tarbes.

Les collèges de Bergerac (Dordogne), Condé-sur-Noireau (Calvados), Gray (Haute-Saône), Oran (Oran), Parthenay (Vienne), Rochefort-sur-Mer (Charente-Inférieure), Saint-Girons (Ariège), Saint-Maixent (Deux-Sèvres).

L'Inspection primaire de Constantine.

Les Écoles normales primaires de Lescar (Basses-Pyrénées) et de Varzy Nièvre.

Les Écoles primaires de l'Ardèche.

Le Cercle commercial du Louvre, à Paris.

Les malades de la clinique nationale ophthalmologique des Quinze-Vingts.

Ces membres, personnes morales ou Établissements, ont versé en dons des sommes variant de 50 à 95 francs.

TABLE

ANNEXES

Paris. — Imprimerie LAROUSSE, rue Montparnasse, 17.